티베트불교
수행의 설계도

TIBET MIKKYO SHUGYO NO SEKKEIZU

by Yasutaka Saito
Copyright © Yasutaka Saito 2003 All rights reserved.
First published in Japan by Shunjusha Publishing Company, Tokyo
This Korean edition published by arrangement with Shunjusha Publishing Company, Tokyo in care of Tuttle-Mori Agency, Inc., Tokyo through SHINWON AGENCY CO., Seoul.

이 책의 한국어판 저작권은 (주)신원에이전시를 통한 저작권자와의 독점계약으로 도서출판 하늘북에 있습니다. 저작권법에 의해 한국 내에서 보호를 받는 저작물이므로 무단 전재와 복제를 금합니다.

티베트불교
수행의 설계도

사이토 타모츠고(齋藤 保高) 지음

석혜능 옮김

하늘북

 머리말

　이 책을 손에 들고 있는 독자는 - 어떤 의미에서 - 티베트 불교에 관심을 가지고 있으리라 생각합니다. 불교의 입장에서 말하면, 그 자체는 매우 훌륭한 인연입니다. 그런 인연을 더욱 살려가기 위해 먼저 이 책이 의도하는 것, 그리고 내용 구성의 줄거리를 밝혀 두고자 합니다.

　필자는 이 책을 한 가지 명확한 방침을 가지고 쓸 예정입니다. 그것은 정통파 티베트 불교의 틀에서는 대체 어떤 수행을 하는가 라는 그 본래의 내용을 실천자의 입장에서 소개하려는 것입니다. 제3자인 견해에서 폭넓은 주제를 언급한 개설서가 아니고, 포교를 위한 안내서도 아닙니다.

　주제를 어디까지나 실천 내용으로 묶고, 더욱이 당사자의 시점에서 설명하고 있지만, 그 바른 모습의 소개라는 경계선을 넘지 않도록 유의

할 것입니다. 이 책을 읽고 나서 티베트 불교의 가르침을 받아들일 것인지 말 것인지는 독자 개개인이 판단하는 것입니다.

설명 방식은 불교의 예비지식이 거의 없는 초심자라도 충분히 이해할 수 있도록 전문 용어의 사용을 최소화하고 쉬운 표현을 염두에 두고 있습니다. 한편으로 달라이 라마 존자님의 저서 등에서 티베트 불교를 배워온 독자들에게도 느낌이 있는 책이 되도록, 내용으로는 상당히 깊이 들어간 해설도 하고 있습니다.

또한 일반 불교의 개설서 등에서 「상식」으로 되어 있는 것 중에는, 그것을 그대로 티베트 불교의 틀에 가지고 들어오더라도 잘 통용되지 않는 것이 몇 가지 있으므로, 그런 점에 대해서는 입장을 명확히 하기 위한 논의도 전개하고 있습니다.

그리고 이 책의 가장 두드러진 특색은 실천 내용을 설명하는 순서의 구성에 있습니다. 먼저 불교를 실천하는 목적의식을 밝힌 뒤에, 목적지가 되는 불타의 깨달음에서 수행의 단계를 순차적으로 거슬러 올라가서 출발지점에 다다른다는 방식입니다.

다시 말하면, 「어떤 결과를 얻으려면, 어떤 원인과 조건을 갖추어야 하는가」라는 문제의식에 따라, 실천의 길을 역방향으로 탐구해 가는 것입니다. 이런 것에 의해서 각각의 단계에 있어서 실천 내용의 필요성과 위 단계와의 관계성 등이 매우 명확하게 드러나게 됩니다.

그러면 4부 19장으로 되어 있는 이 책의 내용을 조금 개관해 보도록 하겠습니다.

제1부는 「티베트 불교란 무엇인가」를 명확히 하기 위한 도입부분입니다.

제1장에서는 불교를 배워 실천하는 것의 현실적인 의미를 생각해 봅니다. 그 결론으로서 "살아 있는 모든 존재를 행복하게 하기 위해 내 자신이 붓다의 깨달음을 실천한다"고 하는 목표설정이 분명하게 됩니다.

제2장에서는 일본 불교와의 비교에서 티베트 불교의 특색을 다각적으로 점검합니다.

제3장에서는 「인간의 죽음과 윤회전생」이라고 하는 흥미 깊은 화제를 들고, 그것을 실마리로 티베트 불교의 심오한 세계로 독자를 안내합니다.

제2부는 「밀교편」입니다.

제4장에서는 목표로 설정된 붓다의 깨달음에 대해서 아주 알기 쉽게 설명합니다.

제5장에서는 「죽음과 재생을 의사체험(擬似體驗)으로 하여 붓다의 깨달음을 얻는다」고 하는 티베트 밀교의 가장 심오한 의미의 일단을 살펴봅니다.

제6장에서는 그것을 실현하기 위해 필요한 「온 몸의 풍(風)을 가슴 차크라로 거둬들인다」고 하는 수행의 일단을 소개합니다.

제7장에서는 그 전제로서 빠질 수 없는 자기를 본존으로 세운다」고 하는 명상을 들고, 만다라의 의미에 대해서도 언급합니다.

제8장에서는 밀교수행자로서의 바른 생활에 대해 생각해 보고, 매일 실천해야 하는 명상을 소개합니다.

제9장에서는 밀교의 문에 들어가기 위해 절대로 빠뜨릴 수 없는 관정에 대해서 그 의미를 쉽게 설명합니다.

제3부는 「대승불교편」입니다.

제10장에서는 밀교 실천의 배경이 되는 공성과 연기의 이해를 확립하기 위해 중관사상을 아주 간단히 소개합니다. 이것은 《반야심경》이 설하는 「색즉시공, 공즉시색」이라는 경문의 의미 내용을 검증하는 것으로 되어 있습니다.

제11장에서는 밀교의 명상과 공성의 체득에 빠질 수 없는 요소로서 마음을 대상으로 하여 한 곳에 집중하는 방법을 고찰합니다.

제12장에서는 밀교를 실천하는 목적의식을 명확히 하고 붓다의 깨달음의 원인으로 되는 보리심에 대해서 다각적으로 검토합니다. 더욱이 보리심이야말로 「살아 있는 모든 존재를 위해 붓다의 깨달음을 목표로 한다」고 하는 대승불교사상의 핵심입니다.

제13장에서는 보리심의 근본으로 되는 자비심을 기르기 위해 「로종」이라는 마음의 훈련을 소개합니다. 이것은 일상생활에서 인간관계의 괴

로움을 해소하는 데도 도움이 될 것입니다.

제4부는 「기초불교편」입니다.

제14장에서는 보리심의 전제로 되는 출리(出離)에 대해서, 육도윤회, 사성제 등 불교의 기본적인 구조와 관련에서 설명합니다.

제15장에서는 업의 인과관계에 대해서 고찰합니다. 거기에서 번뇌에 의해 악업을 쌓게 되는 구조를 설명하고, 그것을 고쳐가는 방법도 찾아보고 있습니다.

제16장에서는 여기까지 소개해 온 모든 수행이 삼보에 귀의하는 것에 기초를 두어야만 성립한다고 하는, 이 점을 분명히 하고 있습니다. 그리고 귀의의 대상이 되는 「불·법·승 삼보」의 의미를 다각적으로 검토합니다.

제17장에서는 진정한 귀의를 확립하기 위해서 무상이라고 하는 현실을 직시하고 죽음과 정면으로 맞닥뜨리는 것을 생각합니다. 평온한 임종을 실현하여 이 인생의 증표를 내생으로 계승하기 위해 살아 있을 때 준비하는 방법을 찾아봅니다.

제18장에서는 무상을 직시하여 수행하는 삶을 살기 위해 인간으로 태어나서 불교를 배워 실천할 수 있다고 하는 그런 기회를 얻기 어려움을 인식합니다. 그것에 의해 귀중한 인생의 순간순간을 중요하게 하는 적극적인 삶을 살 수 있기 때문입니다.

마지막 장에서는 이상의 맺음으로서, 어떻게 티베트 불교의 실천을 시작하는 것이 좋은가를 고찰하고 있습니다. 그 출발지점에서 붓다의 깨달음에 이르기까지 《람림》이라고 하는 하나의 길이 이어져 있습니다.

마지막 장까지 읽었을 때 그 지나가는 길은 이미 독자 여러분에게 미지의 것이 아닙니다. 그런 기분이 되기만 하면, 《람림》의 길을 실제로 걸을 수가 있을 것입니다.

차 례

○ 머리말 / 4

I. 티베트 불교란 무엇인가?
  1. 왜 불교이어야 하는가 ………………………………… 14
  2. 티베트 불교의 특색 …………………………………… 27
  3. 《티베트 사자의 서》의 진정한 의미 ………………… 38

II. 밀교편
  4. 궁극적인 이상의 경지 - 부처님이란 무엇인가? ……… 60
  5. 죽음과 재생을 정화하여 부처의 경지로
    - 광명(光明)과 환신(幻身) ……………………………… 68
  6. 미세한 마음과 몸을 제어한다 - 원만차제(圓滿次第) … 80
  7. 「내가 본존!」 만다라 명상법 - 생기차제(生起次第) … 91
  8. 진실한 밀교수행자로서 산다 - 육좌구루요가(六座GURU瑜伽) ·· 106
  9. 밀교수행의 열쇠는 스승의 가피(加持) - 관정(灌頂) ……… 124

III. 대승불교편

10. 「색즉시공(色卽是空)」이란 - 공성(空性)과 연기(緣起)의 이해 ·· 140
11. 정신 집중 명상 - 지(止; 사마타) ································· 156
12. 살아 있는 모든 이를 위해 - 보리심(菩提心) ···················· 170
13. 자비의 마음을 깊게 하는 수행 - 로종(修心) ···················· 185

IV. 기초불교편

14. 고통에서의 해방을 구하여 - 출리(出離) ························ 196
15. 삼악취에의 길을 끊는다 - 인과와 십불선(十不善) ············· 212
16. 불·법·승을 믿고 의지한다 - 귀의삼보(歸依三寶) ············· 223
17. 죽음과 정면에서 대한다 - 무상(無常) ·························· 234
18. 지금을 소중하게 산다 - 유가원만(有暇圓滿) ··················246
19. 수행을 시작하는 방법 - 스승을 모시는 법과 람림의 흐름 - 258

일러두기

1. 이 책은 인도의 대승불교가 티베트에 전래된 이후 지금까지 면면히 전승되고 있는 불교의 수행 전통, 특히 진언금강승 불교의 수행 전통에 대해 겔룩파의 입장에서 모든 수행체계를 단계적으로 요약하고 정리한 것인데, 이는 어디까지나 자량을 갖추어 진언금강승의 보리심행자가 되고자 발심한 이들을 위한 친절한 안내서이다.

2. 티베트불교 또는 진언금강승의 교리체계와 수행체계에 대해 단순한 호기심이나 막연한 신비감에 만족하지 않고, 올바른 이해를 바탕으로 구체적인 수행을 하고자 하는 분들에게는 단이슬처럼 도움이 되리라 생각된다.

3. 이 책에서 설명하고 있는 진언금강승 수행의 다양한 단계들에 대한 수행 방법을 행자 본인이 임의로 선택해서 수행하는 것이 아니라, 바른 법맥을 전승하고 자격을 갖춘 스승을 의지하는 것이 반드시 필요하다.

4. 가장 쉽게, 가장 빨리, 가장 높은 행복으로 인도해 주는 바즈라야나(금강승)의 가르침에 의지해 수행하는 모든 법연들이, 가만의 이 생존에서 바즈라다라 지금강불의 경지를 속히 체달할 수 있도록, 제가 지은 보시, 지계, 인욕 등 육바라밀의 공덕과 온갖 선업의 자량들을 람림의 마을 보리원의 보리심행자 텐진 윗쭝은 남김없이 모두 회향하며 발원하고 또 발원 하나이다.

I. 티베트 불교란 무엇인가

1. 왜 불교이어야 하는가

"나는 대체 무엇을 위해 살고 있는가? …"

인생을 살아오면서 누구라도 이런 생각을 한 번쯤은 하게 됩니다. 어떤 사람은 이런 자문자답을 반복하면서 심각하게 고민하고 있을는지도 모르겠습니다. 또 어떤 사람은 일상생활에 쫓기면서 막연히 머리를 스쳐 갈 정도일지도 모르겠습니다.

그러나 「삶의 의미」에 대해 깊이 생각해 보는 것은 아주 중요한 일입니다. 정말 이 점이 인간과 동물의 차이라고 할 수 있겠지요. 단적으로 말하면 삶의 의미는 「행복을 실현하는 것」입니다.

이것은 인간에게만 한정된 말이 아닙니다. 여러 종류의 동물들도 각각의 능력에 맞는 방법으로 행복을 구하면서 열심히 살고 있습니다. 하지만 동물들은 이 점을 명확히 자각하는 것이 아니라 본능이나 경험으로 행동하는 것에 지나지 않습니다.

하지만, 인간은 「행복」이라는 것에 민감합니다. 인간은 누구라도 행복하기를 바라고, 그 나름대로 노력하고 있습니다. 불행하게 되는 것을 목표로 삼고 애써 노력하는 사람이 어디에 있겠습니까?

그러나 문제는 "무엇이 행복인가" 하는 점입니다. 우리 사회에는 "일류 대학을 나와서 대기업에 들어가 출세한다"라든가, "내 집을 마련하고 원만한 가정을 이룬다"라는 행복의 모델이 존재했습니다. 사람들의 이러한 바람은 지금까지도 이어지고 있을지도 모릅니다.

그러나 현실을 돌아보면, 거품경제의 붕괴를 시작으로 사회구조가 급격하게 변함에 따라 이런 것이 그대로 「행복의 모델」로 통용되기 어려운 상황이 되었습니다. 이른바 일류 대학을 나와도 취직이 잘된다는 보장이 없습니다. 대기업에 들어가도 구조 조정이나 도산이 기다리고 있을지도 모릅니다. 출세하더라도 고생은 더 많아지고, 염원하던 내 집을 마련하더라도 주택 대부금을 갚아 나가야 하는 일이 숨어 있을지도 모릅니다. 원만한 가정이라 하더라도 실로 여리고 허무한 것입니다.

이런 식으로 부정적인 생각에 빠져들면, 지금의 삶에서 행복을 추구한다는 것이 전혀 불가능한 것처럼 여겨집니다. 경제적인 불황이 사회 전체에 짙은 그늘을 드리우고, 사람들 사이에 무력감이 만연해 가는 현재의 이런 세태를 풀어 가는 열쇠의 하나가 「회복」인 것 같습니다. 일상생활에서 지치고 멍든 몸과 마음에 안락함을 회복하고 싶어 하는 사람들의 마음 속 부르짖음이 표면화된 현상이라고 할 수 있을 것입니다.

그러나 여러 가지 「회복」을 시도해 보지만 진정한 행복을 얻는 일은 그리 간단하지 않습니다. 왜 그런가 하면, 표면적인 대책에만 치중하고 있기 때문입니다. 좀 더 문제의 본질에 다가가서 근본에서부터 해결할 수 있는 궁극적인 「회복」은 존재하지 않는 것일까요?

사실 그 대답은 불교 안에 모두 갖추어져 있습니다.

티베트 불교의 전통에서는, 우리 자신에게 닥친 이러한 모든 불행의 근원을 단 하나로 집약해서 생각합니다. 그것은 **「자기 애착」**입니다. 자기 애착은 대체 무엇일까요?

우리들과 같은 평범한 인간은 당연히 자기 자신이 무엇보다도 중요하다고 생각합니다. 그런 생각에서 나 자신이나 나의 소유물, 혹은 나에게 속하는 것에 대한 집착, 욕망, 과도한 기대 등이 생깁니다. 그것이 자기 애착의 정체입니다. 어쩌면 어떤 사람은 이렇게 말할지도 모릅니다.

"나에게는 자기 애착이라는 게 없다. 오히려 정반대로 항상 자기혐오에 시달리고 있으며, 자살하고 싶을 정도다 …."

그러나 그런 심각한 생각도 원인을 철저하게 파고들어 가보면 강렬한 자기 애착에 기인함을 알게 됩니다. 왜 그럴까요?

먼저 밑바탕에 자기 애착이 존재하고, 나 자신에 대한 과도한 기대가 있습니다. 그러나 현실의 나는 그렇지 않습니다. 그 간격이 넓어서 자신의 힘으로는 어떻게 할 수 없다고 느낄 때 사람들은 자주 자기혐오에 빠져 버립니다.

　자기혐오에 빠지면 '나는 누구에게도 필요하지 않다'라는 생각을 품게 됩니다. 그런 생각도 실은 자기 애착에 기인하는 착각입니다. 결국 자신이 자신에게 애착하는 만큼, 주위 사람들이 자신을 좋아해 주지 않는 상황이 있을 때, 섬세하고 민감한 사람이라면 더욱 그 간격을 감당할 수 없게 됩니다. 그러다가 '나는 누구에게도 필요하지 않으며, 아무런 도움이 되지 않는다. 살아 있을 가치가 없는 인간이다'라는 극단적인 감정으로 치닫게 되는 것입니다.

　그러나 실제로는 「살아 있을 가치」가 없는 것은 결코 아닙니다. 다음과 같이 생각해 봅시다. 간단하지는 않지만 자기 애착은 불교의 수행으로 끊을 수가 있습니다. 만약 그것을 어느 정도 이룰 수 있으면 자기혐오 등의 심각한 문제도 차례대로 해소해 갈 수 있는 것입니다. 그런 귀중한 체험은 같은 고민을 가진 사람들에게 커다란 격려가 되겠지요!

　이 한 가지 점을 고려해 보더라도 그 사람의 존재는 다른 무엇으로도 대신할 수 없이 소중한 것입니다.

　우리는 자기혐오의 부정적인 점에 대해서는 충분히 인식하고 있지만 자기 애착의 악영향은 좀처럼 알아차리지 못합니다. 그래서인지 이 자기 애착을 자신이 살아가는 원동력인 줄로 착각하고 있습니다. 그러니 자기 애착을 끊는다는 것은 꿈에도 생각하지 못하는 것입니다.

　앞에서 말한 것처럼, 삶의 의미는 행복을 실현하는 것입니다. 그러나 문제는 「무엇이 행복인가」 하는 점에 있습니다. 우리들은 행복을 추구하는 과정에서 커다란 잘못을 범하고 있습니다.

첫 번째의 문제는 「행복을 실현하는 것」과 「자기 애착을 만족시키는 것」을 혼동해 버리는 점에 있습니다. 보통 사람들이 행복 추구를 위해 노력하는 과정은 종종 자기 애착을 만족시키기 위해 탐욕이나 성냄 등의 번뇌를 일으키고, 그로 인해 자기중심적인 행동을 거듭 쌓아 가는 형식이 됩니다.

그런 자기중심적인 행동은 주위 사람들을 괴롭히고, 돌고 돌아서 자기 자신도 괴롭히는 결과가 됩니다. 행복을 위해 노력하고 있음에도 불구하고 사실은 모든 불행의 근원인 자기 애착을 증장시키는데 에너지를 쏟고 있는 …. 그런 과녁을 빗나간 어리석은 삶에 우리들은 아주 오래도록 익숙하고 친숙해져 왔습니다.

이 점을 잘 인식하고 모든 불행의 근원인 자기 애착을 끊고 진정한 행복을 얻지 않으면 안 됩니다. 이것이야말로 궁극적인 「회복」이고, 티베트 불교는 그렇게 할 수 있는 처방전을 참으로 풍부하게 갖추고 있습니다. 그러면 자기 애착을 끊는 가장 강력하고 확실한 방법은 대체 무엇일까요? 그것은 「다른 이에 대해 커다란 자비의 마음을 기르는 것」입니다. 이 점에 대해서 조금 살펴봅시다.

티베트 불교의 최고 지도자이신 제14세 달라이 라마 존자님은 다음과 같이 강조하고 있습니다.

"조금이라도 다른 이를 해치지 않도록 하십시오. 할 수 있으면 다른 이의 행복을 위해 노력하십시오."

이것이야 말로 존자님이 전 인류를 향해 보내고 있는 가장 중요한 메시지입니다.

사람들은 자기에게 일어난 여러 가지 불행을 제거하기 위해, 혹은 인간으로 살아가는 바른 길을 구하기 위해 종교의 문을 두드립니다. 그런데 그런 사람들을 향하여 티베트 불교의 스승들은 다른 이를 생각하고, 다른 이의 이익을 위해 힘쓰는 것의 필요성을 말씀하고 계십니다. 자신에게 있는 심각한 문제를 해결하기를 바라며 부처님의 가르침을 찾아온 사람들에게 그런 것을 요구하는 것은 좀 가혹한 말일는지 모릅니다.

하지만 스승들은, "자기중심으로 생각하고, 자기 애착을 방치해 두고 있는 한 당신의 문제는 해결할 수 없다"라고 강조하십니다.

다른 이를 중심으로 생각하고 자기 애착을 끊는 것이야말로 모든 문제를 진실로 해결하는 것입니다. 그러면 실제로 다른 이를 위해 애쓰고 돕기 위해서는 어떻게 하면 좋겠습니까?

어떤 자원봉사 활동에 참가하지 않으면 안 되는 것일까요? 물론 그렇게 하는 것도 한 가지 훌륭한 방법임에는 틀림없습니다. 그러나 참으로 중요한 것은 「자원봉사 활동」이라든가 「무료봉사」라는 보기 좋은 깃발이 아니라 자신의 마음가짐입니다. 순수하게 상대를 위한다는 생각으로 행동한다면 가정이나 직장에서도 다른 이를 위해 애쓰는 것은 가능합니다.

우리들에게는 뭔가 자기가 잘 할 수 있는 분야, 뛰어난 능력, 익숙한 일이 있습니다. 아주 작은 내용이라도 좋으니까 그런 자신이 장점을 살려서 다른 이를 위해 도움이 되는 것을 생각해 보십시오. 그리고 될 수 있는 한 상대방을 위한다는 생각으로 그것을 수행해 보십시오.

그때 자신의 마음을 가능한 한 세밀하게 관찰하는 것입니다. 그러면 여러 가지 마음의 활동을 볼 수 있을 것입니다. 상대방을 위한다는 생각을 하면서도 동시에 자신의 이익을 바라면서 명예나 칭찬을 기대하고 있을지도 모릅니다. 아니면 좋아하는 상대에 대한 자신의 집착심을 채우려 하고 있을지도 모릅니다.

그런 마음의 활동은 상대방을 직접 해치는 것은 아니지만 자기 애착이라는 오염을 수반하고 있습니다. 우리와 같은 보통 사람들의 경우, 아무리 '다른 이를 위해 돕자'라고 생각해도 자기 애착에 물든 마음의 작용이 복잡하고 다양하게 얼키설키 엮어져 있습니다.

그러나 자신의 마음을 냉정하게 분석해 보면, 그런 색깔에 물든 부분과는 다르게, "나의 작은 도움으로 상대방이 조금이라도 행복하게 되었다"라는, 그것만을 순수하게 기뻐하는 무색투명한 성취감을 발견하게 될 것입니다.

그렇다면 다른 여러 가지 마음의 작용에서 될 수 있는 한 멀어져서 이 무색투명한 성취감에만 마음을 집중하고 파악하는 것을 짧은 시간이라도 좋으니 한 번 시도해 보십시오. 그때의 감동이야말로 자신의 삶의 의미에 대한 궁극적인 해답을 얻는 힌트가 됩니다.

우리들 삶의 의미는 「행복을 실현하는 것」에 있습니다. 그러나 목표로 해야 할 「행복」을 자기중심에 설정하는 한, 자기 애착에서 번뇌와 고통을 확대 재생산하는 악순환에 빠져 버리고, 진정한 행복은 실현할 수 없습니다. 이 점에 주의하면서 목표로 해야 할 「행복」을 자기 애착의 주술 같은 속박에서 벗어나게 해야만 합니다. 그리고 자기의 반대편에 있는 것, 다시 말하면 다른 이에게 설정해 두어야 합니다.

"나의 작은 도움으로 다른 이가 조금이라도 행복하게 되었다"라고 했을 때, 그 다른 이의 행복이 우리가 목표로 해야 할 「행복」입니다. 그리고 무색투명한 성취감에 마음을 풀어놓고 그 행복을 공유하는 것이 우리 삶의 의미입니다. 그런 생각이 진정으로 일어난다면 번뇌나 고통의 악순환에서 점차 멀어지게 되고, 결과적으로 자신도 행복하게 되는 것입니다.

그런데 여기에서 두 가지 문제에 직면하게 됩니다.

첫째는, 「다른 이의 행복」이라고 할 때 다른 이의 범위를 어떻게 할 것인가 입니다. 만약 자신의 가족이라든가, 친한 친구라든가, 아니면 자기 회사, 자기 나라 …… 처럼, 자기에게 속한 다른 이 만을 대상으로 「행복」이라는 것을 생각하게 되면, 결국 자기 애착의 속박에서 벗어날 수 없습니다.

예를 들면, 친한 친구 사이에는 종종 「우리들의 이익, 우리들의 행복」이라는 공통 인식이 생기고,「우리들 이외인 사람들의 이익」을 대립시켜 생각하게 됩니다. 그런 생각을 바탕으로 친구가 아닌 이를 위해 행동한 경우, 아무리 "다른 이를 위한 행동"이라 하더라도 자기 마음에 둥지를 튼 자기 애착은 없앨 수 없겠지요?

이처럼 자기 애착은 마음 속 어딘가에 집요하게 붙어 있기 때문에 완전히 끊어 없애는 일은 쉽지가 않습니다.

이 단순화된 도식은 내 가족, 내 학교, 내 회사, 내 나라, 내 민족, 내 종교라는 여러 가지 경우에 적용시킬 수 있습니다. 그렇게 해서 냉정하게 분석해 보면 나를 희생해서 집단을 위해 애쓴다고 하는 삶이 사실은 자기 애착을 만족시키고 있는 것에 지나지 않는, 그런 진실을 찾아낼 수가 있는 것입니다. 집단이나 사회에는 여러 가지 인간관계나 제도, 습관들이 복잡하게 얽혀 있어서 이런 진실을 바로 살펴보기 어렵습니다.

자기 애착에 근거한 행동인 한, 그 결과는 다른 이와 나의 고통이나 불행으로 연결됩니다. 예를 들어, 사회적인 윤리관이 결여된 애사정신이나 편협한 애국심이 가져오는 중대한 폐해를 생각해 봅시다. 구체적인 사례들은 신문이나 뉴스를 보면 무수히 찾아볼 수 있을 것입니다.

그렇다면 어떤 해결책이 있겠습니까?

중요한 것은「나와 남」이라는 발상을 없애는 일입니다. "다른 이의 행복을 생각한다"라는 타인의 범위를 자기 측에 속하는 사람들만이 아니라, 나와 아무 관계도 없는 사람들, 더욱이 나 자신과 적대 관계에 있는 사람들에게까지 확대해 나가지 않는 한, 자기 애착의 속박을 완전히 끊는 것은 불가능합니다.

이런 생각을 가지게 되면 인간뿐만 아니라 동물에까지 확대되고, 살아 있는 모든 것(일체중생)의 행복을 생각하게 됩니다. 그런 발상은 비현실적인 이상론일까요?

아닙니다, 결코 그렇지 않습니다. 인류의 이익에만 생각을 집중한다면 환경문제를 근본적으로 해결할 수 없습니다. 우리는 「살아 있는 모든 것의 행복을 생각하는 태도」를 배울 필요가 있다고 봅니다.

두 번째 문제는, 「다른 이의 행복」의 내용입니다. 다시 말하면, 「다른 이의 행복」이 단지 상대의 자기 애착을 만족시키는 것이라면 결국 그 다른 이는 행복하지 않게 되기 때문입니다. 이 점은 지금까지 자기 자신에 대해 생각해 온 것과 똑같습니다.

예를 들면, 굶주림으로 고통 받는 사람들에게는 음식을 베푸는 것이 중요하겠지요. 하지만 상대방의 요구에 응해서 언제까지나 계속하게 되면 그 상대의 자립심을 빼앗아 버리는 결과가 됩니다. 이러한 사례는 개인의 수준에서 국가의 수준까지 헤아릴 수 없을 정도로 많습니다. 그러므로 다음 단계로서 중요한 것은 그 상대가 자립할 수 있도록 하기 위한 지원입니다.

이러한 문제 해결의 과정은 여러 분야에 어느 정도 비슷하게 적용될 수 있습니다. 복지, 의료, 원조, 자원봉사, 그 밖의 여러 가지 「다른 이를 돕는」 활동은 이러한 과정이 잘 진행되었을 때 비로소 성과를 올릴 수 있는 것입니다.

그와 동시에 그 활동 범위가 이 단계까지라는 것도 저절로 분명하게 됩니다. 물론 그런 여러 가지 활동은 사회에 꼭 필요한 일들 입니다. 예를 들어, 그것이 타종교나 무종교적인 활동에 있어서도 좋은 동기에 의한 것이라면 그 훌륭한 역할은 - 불교라는 시점에서 볼 때에도 - 매우 중요하다고 할 수 있겠지요.

그러나 불교의 역할은 여기에 머물지 않고 더 발전된 단계로 나아가기 때문입니다. 그 단계에서는 "다른 이에 있어서도 진정한 행복은 무엇인가"라는 점이 첫 번째 문제입니다. 복지나 구호 활동과 달리 불교의 진가는 바로 이 문제를 해결하는 것에 있습니다. 앞에서 말한 것처럼, 다른 이의 진정한 행복은 그 사람 자신이 자기 애착의 속박을 벗어났을 때 실현될 수 있는 것입니다.

"나의 삶의 의미를 다른 이의 행복을 실현하는 과정에서 발견한다"라는 식으로 멋있게 생각하더라도, 그 「다른 이의 행복」이 다른 이 자신의 자기 애착을 만족시키는 것에 지나지 않는다면, 다른 이는 진정하고 궁극적인 행복을 얻을 수 없습니다. 결국 도로아미타불이 되어 버리고 맙니다. 이 딜레마를 해결하기 위해 우리 자신이 어떻게 하면 좋을까요?

그 대답은 하나입니다.

최종적으로는 다른 이를 바르게 인도하여 자기 애착과 고통의 악순환을 끊도록 하는 것 밖에 없습니다. 그러나 그런 것이 가능할까요?

지금의 자신은 상대와 마찬가지로 자기 애착에 속박되어 괴로워하고 있습니다. 그런 상태로는 상대를 자기 애착에서 해방시킨다는 것은 꿈에도 실현할 수 없습니다. 예를 든다면, "물에 빠진 사람이 물에 빠진 사람을 도울 수 없다"라는 것과 같습니다.

여기까지 논리적으로 생각해 볼 때, 대승불교의 틀 안에서는 하나의 최종적인 결론에 도달합니다. 다른 이를 궁극적으로 행복하게 할 수 있는 것은 「부처님」이라는 이상의 경지를 얻은 자 뿐입니다. 그렇다면, 자신의 삶의 의미를 다른 이가 진정한 행복을 얻도록 한다는 것에 맞춘 이상, 자기 자신이 부처님의 경지를 얻지 않으면 안 되는 것입니다.

대승불교의 수행을 거듭 쌓아서 마음의 더러움인 번뇌를 모두 끊어 없앴을 때, 완전무결한 상태의 부처님의 경지가 실현됩니다. 그 자비는 무한히 넓고 그 지혜는 모든 것을 다 알고, 자유자재하게 다른 이를 구제할 수가 있는 것입니다.

지금의 시기, 지구상의 일체 유정들에게 직접 인연이 있고 우리들을 이끌어 주신 부처님은 석가모니 부처님입니다.

석가모니 부처님 이외에도 서방정토 극락세계의 아미타불을 비롯해서 부처님은 시간과 공간을 초월해 무수히 존재한다고 합니다.

이러한 모든 부처님은 우리들이 숭배하고 기원 드릴 대상입니다. 그러나 대승불교가 다른 주요한 종교와 결정적으로 다른 점은 부처님이라는 신앙의 대상이, 동시에 우리 자신의 도달 목표라는 점입니다.

바로 나 자신이, 그리고 독자 한 사람 한 사람이 석가모니 부처님으로부터 배워서 미래에 부처가 되도록 수행, 노력해야 하는 것입니다.

대승불교의 입장에서 말한다면, 우리 삶의 의미는 지극히 명백합니다. "살아 있는 모든 이의 행복을 위해, 나 자신이 부처님의 경지를 이루도록 수행하는 것" 이것이야말로 우리들이 대승불교도로서 살아가는 궁극적인 의미입니다.

그렇다면 도대체 어떻게 하면 부처님의 경지에 도달할 수 있을까요?

그 대답은 대승불교의 가르침 안에 모두 설명되어 있습니다. 그리고 티베트 불교는 현재 존재하는 모든 불교 전통 중에서 가장 명확하게 그 해답을 제시할 것입니다.

이제부터 함께 티베트 불교라는 보물 창고의 자물쇠를 열어 우리 자신이 부처님이 되기 위한 열쇠를 찾으러 갑시다.

■ 1장의 내용에 관련된 권장할 만한 책
→ 《달라이라마 삶의 탐구》 게쉐 · 쏘남, 藤田省吾 共譯/ 春秋社

2. 티베트 불교의 특색

"우리나라에 훌륭한 불교 전통이 있는데 굳이 '티베트 불교'라는 외래의 것을 배워야 하는가?"

독자 중에 그렇게 생각하는 분이 있을지도 모르겠습니다. 그래도 잠시만 기다려 주십시오. 우리에게 애당초 불교는 모두 「외래」의 것이었다는 점을 잊어서는 안 됩니다. 일본의 경우를 보면, 멀리는 아스카시대부터 가까이로는 에도시대까지 실로 여러 가지 불교의 흐름이 일본에 전래되었습니다. 그 덕분에 일본 불교는 다종다양한 특색을 갖추게 됩니다.

불교의 전래와 전파는 사원이나 승려의 세계에 머물지 않고 일본 문화의 각 방면에 풍부한 토양을 길러 왔습니다.

"각 시대에 필요한 요소를 외국에서도 적극적으로 받아들인다. …."

이것이야말로 성덕 태자나 홍법 대사를 비롯한 일본 불교의 전통을 지탱해 온 위대한 선인들이 지켜 온 과감하고 진취적인 정신이었다고 생각합니다. 그렇다면, 지금 이 시대에 우리들이 티베트 불교를 배우고 수행하려는 것도 결코 틀렸다고 할 수는 없을 것입니다.

그래서 이젠 "왜 티베트 불교인가"하는 점을 밝혀 보려 합니다. 그러기 위해서는 티베트 불교의 특색을 일본 불교와 비교하면서 검토할 필요가 있겠지요.

먼저 티베트 불교의 첫 번째 특색은, 인도불교의 본류를 직접 받아들이고 있다는 점입니다.

불교의 본가는 일찍이 석가모니 부처님이 실제로 가르침을 설하셨던 인도이겠지요. 티베트는 히말라야산맥을 사이에 두고 인도와 인접해 있기 때문에 불교의 본고장에서 학자나 수행자들을 초청하기도 하고, 반대로 유학승을 보내는 일도 빈번했습니다. 옛날 일본과 비교해 보면 훨씬 혜택 받은 환경이라 할 수 있습니다.

일본의 경우, 불교는 중국과 한국을 거쳐서 전해졌습니다. 다시 말하면, 일본 불교의 전통은 기본적으로 한국이나 중국 불교를 수입한 것이라 할 수 있습니다. 이 점을 자각한 옛 조사들 중에는 석가모니 부처님의 나라 「천축」에 대한 강렬한 동경을 가진 분들도 계셨습니다. 그러나 당시의 지리적인 조건으로 인해 결국 한 사람도 인도에서 직접 가지고 온 적은 없었습니다.[1]

---

1) 한국에서는 신라의 혜초 스님이 인도에 가서 공부하고 돌아오면서 《왕오천축국전》이라는 기행문도 남기고 있고, 백제 때 겸익 율사는 인도에 가서 직접 율학을

겔룩파 대본산 대풍사원 전경

물론 중국 불교라 하더라도 그 기원을 거슬러 올라가 보면 인도불교에 다다르게 됩니다. 그러나 중국에는 오래전부터 수준 높은 사상이나 종교가 발달해 있었기 때문에 불교 또한 그들과 서로 영향을 주고받으면서 어쩔 수 없이 변질되고 말았습니다. 하지만 그 결과 불교의 가르침이

공부하고 돌아와 인도 스님과 함께 율장을 70권으로 번역했었다는 놀라운 기록이 《삼국유사》에 있는데, 중국을 거치지 않고 직접 받아들이고 번역한 그 율장이 안타깝게도 지금 전해지지 않고 있다. 그 밖에도 인도불교와의 접촉 흔적을 찾아볼 수 있지만, 결국 중국 불교 영향의 울타리를 넘어서지 못하고 말았다. - 역자 註

더욱 심화되었다고 평가할 수 있을지도 모르겠습니다. 그러나 현대의 시점에서 공평하게 말한다면, 역시 마이너스 면이 컸다고 생각합니다.

이에 비해 티베트 불교는 그 전래 초기 단계부터 인도불교를 충실히 계승한다는 방침이 이른바 국가적으로 정착해 있었습니다. 그 때문에 산스크리트어(범어)의 원전을 아주 정확하게 번역하고 철학사상이나 수행의 면에서도 인도불교의 전통을 충실히 계승하고 있습니다. 적어도 핵심적인 가르침에 대해서는 순수한 불교의 정신이 티베트 고유의 민족문화와 혼합되어 변질되는 현상은, 티베트의 경우 거의 발생하지 않았습니다.

티베트 불교가 모범으로 받들어 왔던 인도불교는 유감스럽게도 13세기 초에 멸망해 버립니다. 그 당시의 총본산인 동인도의 비크라마쉴라 사원이 이슬람교도들의 습격으로 파괴될 때 최후의 승원장[大座主]이었던 「샤캬슈리바드라」는 법난을 피해서 티베트로 가게 됩니다. 거기에서 인도불교가 지켜 왔던 법등(法燈)을 남김없이 전하고 티베트 승려들에게 후사를 모두 맡긴 것입니다.

이것은 하나의 상징적인 사건입니다. 티베트 불교가 「인도불교 본류의 가장 정통적인 계승자」라는 사실이 이러한 역사적인 사실을 보더라도 결코 근거 없는 선전 문구가 아니라는 것을 잘 알 수 있습니다.

티베트 불교의 두 번째 특색은, 중국이나 한국, 일본에 전해지지 않은 가르침이 다수 존재한다는 점입니다. 그 중에서도 불교의 궁극적인 견해로 자리 잡은 「중관귀류논증파」의 철학 사상, 그리고 밀교의 가장 심오한 가르침인 「최상승요가 탄트라」2) 수행이라는 이 두 가지를 가지고 있다는 것이야말로 티베트 불교 최대의 매력이라 할 수 있습니다.

또한 불교 논리학(因明)과 인식론에 대해서도 티베트 불교의 전통은 실로 고도의 논의를 축적해 왔습니다.

"비구들이여,
금을 태워 보고 깎고 문질러 보며 검증하는 것처럼
나의 가르침도 남김없이
관찰하고 분석한 뒤에 받아들여야 한다.
단지 존경심(신앙)만으로 그대로 받아들여서는 안 된다."

이것은 티베트 스님들이 잘 인용하는 성구입니다.
석가모니 부처님은 제자들에게 - 어디까지나 금의 순도를 확인하는 것처럼 - 스스로 잘 생각하고 가르침의 내용을 숙고한 후에 비로소 믿고 따르도록 해야 한다고 강조하고 있습니다.

---

2) 최상승요가 탄트라: 밀교의 네 가지 탄트라, 작(作)탄트라 · 행(行)탄트라 · 요가(瑜伽)탄트라 · 무상요가(無上瑜伽)탄트라 가운데 무상요가 탄트라를 최상승요가 탄트라라고도 하는데, 흔히 티베트 밀교라고 할 경우 이 무상요가 탄트라의 교학체계와 수행체계를 가리킨다. 이하 여기서는 무상요가 탄트라를 최상승요가 탄트라라고 부르기로 한다. - 역자 註

티베트 불교에서는 이러한 석가모니 부처님의 정신을 이어받아 맹신이나 선정수행 지상주의를 배제하고, 명쾌한 논리에 의한 사고를 중시해 왔습니다. 이것이 세 번째 특색입니다.

이 두 번째와 세 번째 특색에서 티베트 불교는 현대사회에서도 충분히 통용될 수 있는 종교라 할 수 있습니다. 왜냐하면 명쾌한 논리적 사고를 통해 중관귀류논증파의 철학을 철저하게 추구하고 있기 때문입니다.

중관 철학은 결코 과학과 모순되지 않습니다. 오히려 과학이 고도로 발전한 현대사회에서 학식이 높은 사람들이 그 가치를 높이 평가해 오고 있습니다. 현대인은 과학과 무관하게 사는 것이 불가능하고, 논리적인 사고를 회피할 수도 없습니다. 과학이나 논리와 모순이 없는 형태로, 더욱이 심원한 인생의 지침을 제시할 수 있는 사상으로 중관 철학은 재인식되고 있습니다.

중관 사상은 간단히 말하면 《반야심경》에서 설하는 「색즉시공 공즉시색」의 가르침입니다. 당연한 일이지만, 그 자체는 중국이나 한국, 일본 불교에도 전해져 있습니다. 그러나 그 궁극적인 해석인 귀류논증파의 철학은 한문권 불교의 전통 속에서 충분히 확립되어 있지 않습니다.

일반적으로 한문권 불교는 인도나 티베트의 불교만큼 논리적이지 않고, 특히 중관 사상의 핵심을 철학적으로 숙고하지 않는다는 점에서 티베트 불교와는 다르다고 볼 수 있습니다.

티베트 불교에서는 중관귀류논증파의 철학 이론을 바탕으로 밀교를 수행합니다. 그 심원한 예가 바로 「구히야사마자」 등의 최상승요가 탄트라입니다. 중기 밀교(특히 일본밀교)에 이 최상승요가 탄트라의 수행적인 흐름이 전해지지 않은 점은 앞에서 언급한 대로입니다.

최상승요가 탄트라의 정신생리적인 명상 수행법은 생명과학 등의 최첨단 분야의 학문 영역에서도 각광을 받고 있습니다. 더욱이 현대 과학이 미치지 못하는 심원한 영역에까지 깊이 파고들고 있고, 마음의 본질을 이해하는 데에 과학만능주의의 한계를 넘어설 수 있다는 점이 주목받고 있습니다.

티베트 불교의 네 번째 특색은, 자비의 마음과 이타행을 하는 것입니다. 티베트 불교는 자비의 정신을 강조하고 대승 사상에 근거하는 이타의 수행을 궁극의 목표로 하고 있습니다. 수행자가 철학 사상을 공부하고 명상 수행에 열중하는 것도 모두 이 궁극의 목표인 살아 있는 모든 존재의 행복을 실현하기 위한 수단으로 자리매김 하는 것입니다.

이 점은 1장에서도 언급한 그대로입니다. 그것을 단순한 이상론으로 남겨 두지 않고 현실에서 수행해 가기 위해 티베트 불교 전통에서는 「로종(修心)」이라는 마음 훈련을 수행하고 있습니다.

자비의 마음과 이타행은 세계 평화나 지구환경 문제 등 현대사회가 안고 있는 어려운 문제를 해결하는 데도 하나의 방향성을 찾아내는 열쇠가 되겠지요. 단지 신불(神佛)에게 구원을 기대하는 기복적인 신앙에서

아티샤 존자

한 걸음 더 나아가, 혼란스러운 현대시회에 필요한 사비심과 이타행을 수행해 가는 것이야말로 우리들에게 부여된 책임이라고 생각합니다.

마지막으로 다섯 번째 특색으로 지적하고 싶은 것은, 평이한 수행 체계의 존재입니다.

불교에는 소승·대승·밀교라는 형식으로 얼핏 보기에 서로 모순되는 가르침이 여러 가지 있습니다.

티베트 불교 중흥조인 아티샤(982~1054) 존자는 그런 가르침을 모두 적합성 있는 교리 체계로 모으고 수행의 지침을 제시했습니다. 이것을 《람림(깨달음에 이르는 길의 단계)》이라고 합니다. 이 람림 사상의 흐름을 집대성한 분이 겔룩파의 종조인 쫑카빠(1357~1419) 대사입니다.

쫑카빠 대사의 《람림》은 인간의 마음을 향상시키는 데에 매우 효과적인 체계입니다. 방대한 경전이나 논서를 모순 없이 정리하고 그들의 핵심을 요약하여 나타내고 있기 때문에, 이것을 의지해서 수행을 진전시켜 나아갈 수가 있습니다. 또한 난해한 최상승요가 탄트라도 《람림》의 흐름

속에 자리매김하면 바르게 이해하고 수행하는 것이 가능하게 됩니다. 이러한 《람림》은 간결한 지침서를 좋아하는 현대인들에게 아주 고마운 것이라 할 수 있겠지요.

　정리해 보면, 티베트 불교는 논리성과 철학성, 자비심과 이타행, 쉬운 수행 체계, 심신의 심층에 작용하는 명상 수행 등을 모두 갖추고 있고, 더욱이 이 모든 것들이 절묘하게 균형을 이룬 종교라고 결론지을 수 있습니다. 그런 종교는 지금까지 우리나라에는 거의 존재하지 않았습니다. 그러므로 티베트 불교는 현대를 살고 있는 사람들에게 어울리는 종교일 뿐만 아니라, 그것을 배우고 실천, 수행해 갈 의미가 있는 것입니다.

　메이지시대 이후의 일본에서는 급격한 근대화를 지탱할 정신적인 이념으로서 이른바 「국가신도(國家神道)」가 확립되었습니다. 그와 동시에 여타의 다른 종교에 대해서는, "뭔가 문제를 안고 있는 나약한 사람들이, 그것도 신불(神佛)에게 매달리기만 하는 미신적인 성향이 강한 사람들만 신앙하는 것"이라는 마이너스 이미지가 의도적으로 형성되어 왔습니다.

　그리고 전후(戰後)에는 국가신도도 부정되는 한편, 일부 신흥종교나 새로운 종교단체가 사람들의 나약한 허점을 이용하는 형식으로 여러 가지 사회문제를 일으키고 있습니다. 특히 최근에는 옴진리교의 사건이나 영감상법(感靈商法) 문제 등이 매스컴을 크게 흔들었습니다. 또한 전통 불교에 대해서도 「장례식 불교」라는 비판을 받고 있습니다.

이런 여러 가지 현상의 결과, 오늘날 일본에서는 의식이 있는 많은 사람들이 「종교」 그 자체를 경원시하게 되었습니다. 헌법에 종교의 자유가 보장되어 있음에도 불구하고 지극히 평범한 사람들이 "나는 종교를 믿습니다"라고 말하기 어렵도록, 세계적으로 보아도 극히 이상한 상황이 일어나고 있는 것입니다.

물론 본래의 종교, 본래의 불교는 그렇지 않습니다. 사회의 지도적인 입장에 있는 사람들에서부터 약자의 입장에 있는 사람들까지 모두 포함해서, 모든 사람들의 인생의 지침, 살아가는 길이 되는 것이 종교입니다.

왜곡된 형태로 종교 이탈이 진행되고 있는 한편, 마치 물질문명으로 치닫는 것의 역현상으로써 「마음의 시대」라는 말이 유행되고 있는 현대 사회 …. 티베트 불교의 여러 가지 특색을 고려해 보면, 이런 특이한 상황에 있어서도 이 티베트 불교야말로 진정으로 인생의 지침, 삶을 위한 길로서의 역할을 마음껏 발휘할 수 있는, 그만큼 내실을 수반한 종교라 할 수 있을 것입니다.

다만 이러한 논의도 어디까지나 상대적인 것에 지나지 않습니다. 당연한 일이지만, 티베트 불교나 우리나라의 전통 불교 모두 석가모니 부처님이 말씀하신 진정한 불교입니다.

그리고 우리나라의 전통 불교에 여러 가지 종파가 있는 것처럼 티베트 불교에도 닝마파, 까규파, 사꺄파, 겔룩파라는 4대 종파가 있습니다. 그들 중에서 이 책의 내용은 쫑카빠 대사가 개창한 겔룩파(신 까담파)의 가르침에 근거하고 있습니다.

석가모니 부처님 한 분의 가르침이 왜 이렇게 많은 종파로 나누어진 것일까요? 그것은 가르침을 받아들이는 쪽의 성격이나 능력 등이 천차만별하기 때문입니다.

어떤 사람에게 가장 적합한 가르침이 모든 이에게 똑같이 그렇다고 할 수는 없습니다. 자신이 신앙하는 종교나 종파만 올바르고, 다른 것은 잘못되었다는 식의 생각은 많은 심각한 문제를 일으킵니다.

종교라는 것은 제각기 역할을 해 나가면서 다양성을 서로 인정하고 공존할 때 인류 전체에게 유익한 것입니다. 달라이 라마 존자님은 이 점을 언제나 강조하고 계십니다.

그러므로 이 책의 내용도 어디까지나 상대적인 하나의 입장이라는 점을 명확히 이해해 주시기 바랍니다. 그것이 자신에게 맞는다면 잘 배워서 스스로 수행해 볼 가치는 있는 것이겠지요. 만약 맞지 않는다면 억지로 받아들일 필요는 없고, 받아들이지 않았다고 해서 달리 나쁜 것은 아무 것도 없습니다. 그 판단은 여러분 개개인에게 완전히 맡겨져 있는 것입니다.

3. 《티베트 사자의 서》의 진정한 의미

　몇 년 전인가 TV방송에서 《티베트 사자의 서》가 소개되어 커다란 반향을 불러온 적이 있었습니다. 그런 일시적인 유행에 어느 정도의 의미가 있는지는 잘 모르겠습니다. 그러나 만약 《티베트 사자의 서》를 앎으로 해서 내생(來生)의 존재를 생각하게 된 사람이 있었다면 그것만으로도 매우 큰 의미가 있다고 생각합니다.
　방송에서 다루어진 《티베트 사자의 서》는 닝마파의 독특한 여러 존상(諸尊)이 등장하는 등, 티베트 불교 일반에 널리 통용하는 내용은 아니었습니다. 그러나 기본이 되는 윤회의 사상은 불교를 배우고 수행하기 위해서는 빠뜨릴 수 없는 중요한 포인트입니다.
　많은 사람들에게 「죽음」에 관계된 얘기는 가능하면 피하고 싶은 것인지도 모릅니다. 그러나 한편으로 「죽으면 어떻게 되는가」 하는 것을 바르게 알 수 있다면, 그것은 꼭 알고 싶은 주제이지 않겠습니까?

종교의 진정한 가치를 묻는 중대한 측면은 바로 "죽음의 문제를 어떻게 다루는가"라는 것이겠지요. 왜냐하면 죽음을 피할 수 있는 사람은 아무도 없고, 이것만은 과학에서 해결 불가능한 영역이기 때문입니다. 물론 개개인의 생각은 자유이지만, 저와 같이 불교를 믿고 있는 입장에서라면, 아무런 종교도 신앙하지 않은 채 임종을 맞이하는 것은, 헤엄치는 방법도 모르고 바다에 뛰어드는 것만큼 무모한 짓이라고 생각됩니다.

현대인은 「사후의 자기 자신의 존재」에 대해서 어떻게 생각하고 있을까요?
"누구도 죽어 본 적이 없으므로 알 수가 없다."
"현재의 나는 인간이라는 생명체로서 존재하고 있지만 죽으면 아무것도 없게 된다."
"나의 존재는 유전자라는 형태로 아들이나 손자에게 전해진다."
"이 세상에 내가 존재한 증거는 업적이나 '자서전'으로 기록되어 사람들의 기억 속에 남아 있게 된다. …."
종교를 믿지 않는 사람의 경우 상식적으로 대답하면 대체로 이런 식이 될지 모르겠습니다. 종교를 믿고 있는 사람의 경우는 각각의 종교에서 말하는 교리에 근거해서 확고한 생사관을 가지고 있을지도 모릅니다.

그러면 티베트 불교의 경우는 어떨까요?

여기에서 《람림》의 가르침, 일반적인 불교 철학(아비달마), 중관귀류논증파의 견해, 더욱이 최상승요가 탄트라 등에 근거해서 티베트 불교의 생사관, 다시 말하면 《티베트 사자의 서》의 진정한 의미를 탐구해 보고자 합니다.

저처럼 평범한 사람의 경우, 자신이 죽는 것을 진지하게 생각하면 큰 두려움을 느끼게 됩니다.

왜 그런가 하면, 내가 집착하는 여러 가지 것들을 잃게 된다는 것, 무엇보다도 가장 애착하는 대상인 나 자신이 존재하지 않게 된다는 이 슬픈 사실을 감당할 수 없기 때문인 것 같습니다.

불교의 입장에서 보아도 이러한 생각은 어느 정도까지는 옳다고 할 수 있겠지요. 임종을 맞이할 때, 아무리 가까운 가족이나 친한 친구라도 헤어지지 않으면 안 되고, 재산이나 명예도 다 놓고 가야 합니다.

가장 중요하게 지켜 온 나의 육신조차도 무너져가고, 육신에 의존해 온 마음도 활동을 잃게 되고, 지식이나 생각 등도 모두 사라져 버리는 것입니다. 이렇게 하여 「나」라는 정체성이 존재하지 않게 되는 것이 「죽음」의 의미라고 할 수 있습니다.

그러나 불교에서는 그것으로 「나의 모든 것」이 끝난다고 생각하지 않습니다. 불교에서는 일반적으로 「나」라는 인간을 구성하는 요소를 다섯 가지 모임으로 나누어서 생각합니다. 이것을 불교 용어로 「오온(五蘊)」이라 합니다. 《반야심경》에서 「조견오온개공」이라 할 때의 오온입니다.

인간이 죽을 때는 그 오온이 순서대로 융해되고, 차례대로 기능을 잃게 됩니다. 이 「융해된다」고 하는 의미는 거칠고 눈에 띄는 요소가 쇠퇴해져서 활동하지 않게 되어 그 뒤에 감추어지고, 또한 그것을 지탱하고 있던 미세한 요소가 표면화되는 현상을 가리키고 있습니다. 비유하면, 형광등이 꺼지고 나면 작은 등불의 빛에 의지하는 것과 같은 것입니다.

그러면 「오온이 순서대로 융해된다」라는 것은 어떤 의미일까요? 그것을 「여덟 가지 단계」로 나누어 설명해 보겠습니다.

오온 중에 가장 눈에 띄는 거친 요소는 색온(色蘊), 즉 몸입니다. 죽음의 과정에서 그것이 융해될 때 몸의 힘을 잃게 되고 쇠퇴해 갑니다. 그중에서도 특히 고체적인 요소(地)가 쇠퇴하고, 시각(眼根)이 활동하지 않게 됩니다. 그리고 이 「첫 번째의 융해 단계」가 완료된 표시로써 마음속에 신기루(蜃氣樓) 같은 모습(相)이 나타난다고 합니다.

색온이 융해한 뒤에 가장 눈에 띄는 거친 요소는 수온(受蘊), 즉 마음의 감수 작용입니다. 그 수온(受蘊)이 융해할 때, 고통과 쾌락 등에 대한 신체적인 감각이 마비됩니다. 또한 액체적인 요소(水)가 쇠퇴하고, 청각(耳根)이 활동하지 않게 됩니다. 그리고 이 「제2의 융해 단계」가 완료된 표시로써 마음속에 연기와 같은 것이 나타난다고 합니다.

수온이 융해된 뒤에 가장 눈에 띄는 거친 요소는 상온(想蘊), 즉 마음의 식별 작용입니다. 이 상온이 융해될 때 기억을 잃게 되어 바깥의 인식 대상을 식별할 수 없게 됩니다. 또한 따뜻함의 요소(火대)가 쇠퇴하여 체온도 내려가고 후각(鼻根)이 작용하지 않게 됩니다. 그리고 이 「제3의 융해 단계」가 완료된 표시로써 마음속에 반딧불 같은 상이 나타난다고 합니다.

　상온이 융해된 후 가장 눈에 띄는 거친 요소는 행온(行蘊), 즉 의식 작용을 비롯한 마음의 여러 가지 활동입니다. 그 행온이 융해될 때, 뭔가를 하려고 해도 아무 것도 할 수가 없게 됩니다. 또한 기체적인 에너지의 요소(風대)가 쇠퇴하여 호흡도 정지하고, 미각(舌根)과 감각(身根)이 작용하지 않게 됩니다. 그리고 이 「제4의 융해 단계」가 완료된 표시로써 마음속에 등불 같은 상이 나타난다고 합니다.

　이렇게 행온이 융해된 뒤에는 오온 중에 마지막 식온(識蘊)만이 남게 됩니다. 식온이란 마음 그 자체인 「식」의 모임입니다. 그 식에도 시각 등의 오감에 의존한 식(根識)과 마음 자신에 의존한 식(意識)의 구별이 있습니다. 전자는 비교적 거친 식이고, 지금까지의 단계에서 오감을 잃는 현상을 통해 이미 활동이 없게 됩니다.

　근식의 영향을 받은 의식도 마찬가지입니다. 따라서 「제4의 융해 단계」가 종료한 시점에서 아직 기능하는 것은 근식의 영향을 받지 않는 미세한 의식과 그 여러 가지 활동 및 의식의 근거가 되는 미세한 풍(風) 밖에 없습니다. 이 「미세한 풍」이란 「제4의 순서」에서 기체적인 에너지의 거친 요소가 융해되고 그 뒤에 남은 미세한 요소입니다.

일반적인 불교 철학에서는 이 시점에 남아 있는 의식이 사후에도 존속하여 중유(中有)라는 단계를 거치면서 내생에 태어나는 것으로 바뀐다는 「윤회」를 말합니다. 최상승요가 탄트라 이론에서는 일반적인 불교 철학보다도 훨씬 심층적인 수준에서 윤회의 과정을 상세하게 설명할 수 있습니다.

「제5의 융해 단계」이후는 의식과 풍이 더욱더 미세한 것으로 되어가는 단계입니다. 앞에서 말한 대로 오감에 의존하는 식이나 혹은 바깥 인식 대상을 지각하는 마음의 활동 등은 이미 작용하지 않고 있습니다. 이 시점에서 기능하는 요소 중에서 가장 거친 것은 마음속에서 생각을 해내는 여러 가지 의식의 활동이고, 이것을 「80자성분별심(八十自性分別心)」이라 합니다.

물론 임종의 침상에서 이미 호흡도 정지된 상태이기 때문에 건강할 때의 사고가 그대로 활동하는 것은 아닙니다. 그런 사고의 중추를 형성하고 있던 의식이 이 시점에서는 신체나 외계와 끊어져서 단편적으로 나타나는 것입니다. 그러나 그것도 더욱더 미세한 단계로 융해되어 갑니다.

80자성분별심이 모두 융해되어 작용하지 않게 되었을 때, 가을 하늘 밤에 달빛이 가득한 허공처럼 흰색 현현(顯現)이 마음속에 맑게 나타납니다. 이것은 상반신의 풍이 몸의 중심으로 거두어짐으로 인해 생기는 현상이고, 80자성분별심이 융해되면서 표면화된 미세한 잠재의식이 그런 풍이 거두어지는 것을 감지하는 상태입니다. 여기까지가 「제5의 융해 단

I. 티베트 불교란 무엇인가 43

계」이고, 「현명(顯明)」이라고도 합니다.

그 흰색 현현도 융해할 때 가을 하늘에 햇빛이 가득한 허공처럼 붉은 현현이 마음속에 맑게 나타납니다. 이것은 하반신의 풍이 몸의 중심으로 거둬짐에 의해 생기는 현상이고, 흰색 현현 때보다도 더욱 미세한 잠재의식이 그런 풍의 거둬짐을 감지하는 상태입니다. 여기까지가 「제6의 융해 단계」이고, 「현명증휘(顯明增輝)」라고도 합니다.

그 붉은 현현이 융해될 때 가을 하늘 밤에 어둠이 가득 찬 허공처럼 검은 현현이 마음속에 나타납니다. 이것은 전신의 풍이 가슴에 완전히 거둬짐에 의해 생기는 현상이고, 붉은 현현 때보다 더욱 미세한 잠재의식이 그런 풍의 거둬짐을 감지하는 상태입니다. 여기까지가 「제7의 융해 단계」이고, 「현명근득(顯明近得)」이라고도 합니다.

이 단계의 후반에서는 검은 현현조차도 소실되고 마음은 아무 것도 감지할 수 없게 된다고 합니다. 그것은 지금까지 표면화되어 있던 모든 의식과 풍이 어느새 기능하지 않게 된 상태에 지나지 않습니다. 이윽고 마치 가을 하늘의 허공처럼 지금까지보다 훨씬 청정하고 맑은 현현이 마음속에 퍼집니다.

이것은 모든 풍이 가슴에 거둬진 끝에 미세한 의식에서 아무런 작용도 없게 된 뒤에 지금까지와는 차원이 다른 가장 미세한 의식과 풍이 활성화되어 생긴 현상입니다. 여기까지가 「제8의 융해 단계」이고, 「정광명(淨光明 - 죽음의 광명)」이라고도 합니다.

가장 미세한 의식과 풍은 보다 거친 차원의 의식이나 풍이 조금이라도 작용하는 동안에는 심층적으로 잠재되어 있습니다. 최상승요가 탄트라 이론에서는 이 단계야말로 진정한 의미의 「죽음」이라고 합니다.

그런데 이러한 의식이 가장 미세한 상태가 된 단계에서 「나」라는 존재는 대체 어떤 위치에 있는 것일까요?

좀 어려운 이야기가 됩니다만, 중관귀류논증파의 견해에 따라 이 주제를 생각해 봅시다. 살아 있을 때에는 「나」라는 한 사람의 인간이 존재하고, 나의 소유물인 몸과 마음이 오온으로 존재하고 있습니다. 그리고 내가 죽을 때 「여덟 단계의 융해 단계」를 거쳐 「정광명」에 다다르게 되는데, 그 동안에 오온이 해체되고 의식만이 남고, 그것도 미세한 상태로 변화해 있습니다.

마음이란 것의 존재는 앞 찰나의 마음이 주원인이 되고 거기에 여러 가지 조건이 더해짐에 따라 뒤 찰나의 마음이 성립하는 것입니다. 마음은 언제나 그런 인과관계의 흐름으로 존재하는 것이고, 그것을 불교 용어로는 「심상속(心相續)」이라 합니다.

살아 있을 때의 「나의 마음」에서 「정광명」에 이르기까지의 과정에서는 여러 가지 조건으로 심상속이 미세한 상태로 변화해 있지만, 그것이 하나의 인과의 흐름으로 연속되어 있는 것은 틀림없습니다.

그러므로 생전의 마음이 「나의 마음」이라면 죽음의 광명도 「나의 죽음의 광명」이라 할 수가 있습니다. 그와 같이 「나의 마음」이나 「나의 죽음의 광명」을 가지는 주체로서 상정되고, 그것을 향수하는 주체로 자리매김 되어 있는 것이 「나」라는 존재입니다.

중관파의 견해에서는, 그런 「나」의 존재를 철저하게 규명해 갈 때 그 실체를 찾을 수 없다고 생각합니다. 그러나 살아 있을 때에 "내가 존재하지 않는다"고는 말할 수 없겠지요.

그와 같이 실체성은 결여하되 단지 존재하는 「나」의 존재를 중관귀류논증파에서는 「단순한 나」라고 표현합니다. 결국 살아 있을 때의 나도 「단순한 나」이고, 죽음의 광명일 때의 나도 「단순한 나」입니다.

그런데 저처럼 평범한 인간은 살아 있는 동안에 탐욕이나 성냄 등의 번뇌에 마음이 물들어서 그 영향으로 여러 가지 업을 쌓고 있습니다. 그런 행위는 그 자체가 완료한 뒤에도 뭔가 영향을 남깁니다. 행위의 주체가 현재의 「단순한 나」라면 그 영향의 담당자는 그 이후의 「단순한 나」가 될 것입니다.

예를 들면, 오늘 밤에 자신이 술을 너무 많이 마셨다면 이틀 동안 취해서 괴로워하는 것은 다른 누구도 아닌 내일의 나 자신이겠지요? 이처럼 단순하고 직접적인 인과관계는 누가 보아도 분명합니다. 그러나 행위를 실행하고 나서 그 영향이 표면화되기까지의 기간이 매우 긴 경우도 있습니다.

그러므로 「단순한 나」는 항상 나 자신이 한 여러 가지 행위의 영향을 잠재적인 상태로 얼마든지 담당하는 것입니다. 이러한 구조에서 행위 그 자체 및 그 잠재화된 영향을 불교 용어로 「업」이라고 합니다.

내가 죽음을 맞이할 때, 심상속의 존재는 「여덟 단계의 융해 단계」를 거치면서 미세화 되어 마침내 「정광명」에 이릅니다. 그런 심상속의 주체인 「단순한 나」는 여러 가지 업을 무수히 담당하고 있고, 그것들이 표면화되지 않는 한 그대로 미래로 가지고 넘어갑니다.

그러므로 「정광명」이라는 미세화의 극한점에 있어서는 심상속이 - 앞에서 설명한 것처럼 - 지극히 청정하고 맑은 것이 됨에도 불구하고, 그 가지고 있는 주체인 「단순한 나」는 번뇌에 끄달린 여러 가지 업을 잠재적인 상태로 안고 있는 것입니다.

그런 「정광명」은 이윽고 가장 미세한 풍이 아주 작게 진동하는 것으로 다음 단계로 옮겨 갑니다. 그것은 미세화의 극한점에서 역행하여 의식과 풍이 거친 것(粗大化)으로 변화되는 과정의 시작입니다.

그때 「단순한 나」가 안고 있는 업의 영향으로 「중유(中有)」라는 사후의 존재가 탄생합니다. 물론 중유의 주체도 「단순한 나」입니다. 중유의 몸은 가장 미세한 풍이 주된 원인이 되어 성립하고, 고체적인 요소 등이 섞여 있지 않기 때문에 어디라도 순간적으로 이동할 수 있다고 합니다. 그러나 보통 사람들의 눈에는 보이지 않습니다.

중유의 마음은 가장 미세한 의식이 주된 원인이 되어 성립하고, 「현명근득→ 현명증휘→ 현명→ 80자성분별심」으로 죽음의 순서와 반대로 행해져 거친 것이 됩니다. 그렇게 하여 여러 가지 번뇌가 다시 표면화되고, 이와 더불어 전생에서 가지고 넘어온 업의 힘으로 「중유의 나」는 마른 나무에서 떨어진 낙엽처럼 사후의 세계를 떠도는 것입니다.

그리고 49일 동안에 전생에 쌓은 업에 상응하는 세계의 생존으로 내생의 생을 받게 되는 것입니다. 만약 다행스럽게도 인간으로 태어날 수가 있다면 「중유의 나」는 내생의 부모 정수리로 해서 몸 안에 들어가 정자와 함께 모친의 자궁에 이르게 됩니다.

그때 「80자성분별심→ 현명→ 현명증휘→ 현명근득→ 광명」이라는 미세화의 과정을 급속히 거치면서 다시 역행하여 현명근득으로 되는 순간 중유는 수정란 속에 들어가는 것입니다. 그리고 나서 모친의 태내에서 성장하여 출산에 이르는 과정은 6장의 「적(滴; 틱레)」의 설명에서 다시 언급하겠습니다.

여기에서 특히 중요한 것은, 실제로 인간이 탄생하기 위해서는 정자·난자·중유의 마음·그 근거가 되는 풍이라는 네 가지 요소가 갖춰져야 한다는 것이겠지요.

지금까지 설명해 온 티베트 불교의 생사관은 가장 심원한 밀교인 최상승요가 탄트라 이론에 바로 연결된다는 점에서도 아주 중요한 의미를 지닙니다. 그 내용은 제5·6·7장에서 좀 더 자세히 살펴보겠습니다.

우리가 "죽더라도 다시 내생에 태어난다"라는 윤회를 믿는다면 "죽음으로 모든 것이 없어져 버린다"라는 공포감을 극복할 수 있을지 모르겠습니다. 그러나 그렇다고 완전히 안심할 수는 없습니다.

왜냐하면 사후의 존재인 중유는 업과 번뇌의 힘으로 낙엽처럼 방황하는 상태이고, 그 결과로써 겨우 다다른 내생의 존재가 반드시 행복한 경우를 만난다고 단정할 수 없기 때문입니다.

그런데 대체 전생·금생·내생으로 윤회전생할 때 과연 자기 동일성은 어느 정도 보장할 수 있을까요? 이 문제와 함께 불교도로서 「나의 죽음」에 어떻게 대처해야 할 것인가에 대해서도 우리는 진지하게 생각해 보아야 합니다. 이러한 여러 가지 문제에 대해서는 14장 이후에서 누구나가 실천할 수 있는 방법론을 탐구해 보려고 합니다.

윤회는 불교의 교리와 수행체계의 전제가 되는 것입니다.

대승불교의 광대한 사상이나 밀교의 심원한 수행도 윤회를 전제로 하지 않으면 성립할 수 없습니다. 만약 「생명체가 윤회전생한다」라는 것을 받아들일 수 없다면, 그 사람은 티베트 불교의 극히 한정된 범위밖에 수행할 수 없겠지요. 그것은 마치 거대한 산과 같은 보물더미를 앞에 두고도 극히 조금만 얻고 마는 것처럼 대단히 안타까운 일입니다.

그렇다 하더라도 "전생의 일을 아무 것도 기억하지 못하고, 중생이 윤회전생하는 것을 본 적이 없기 때문에 어떻게 하면 믿을 수 있는가"

라고 생각하는 사람도 있겠지요?

확실히 저 자신도 전생의 기억은 없고, 윤회의 현장을 본 적도 없습니다. 왜 전생의 일을 기억하지 못하는가 하면, 기억을 가지고 있던 거친 마음이 그 상태 그대로 내생에까지 연속하는 것이 아니기 때문입니다. 그런 거친 마음의 활동은 죽음의 과정에서 융해되어 버립니다. 그렇지만 티베트의 환생자(還生者) 중에는 전생의 기억을 어느 정도 가지고 있는 사례가 있고, 객관적으로도 그것이 사실임을 확인 가능한 경우도 있다고 합니다.

어떤 일에 관해서도 자기가 기억하지 못하거나 본 적이 없다고 해서 그것을 "절대 있을 수 없다"라고 단정할 수는 없습니다. 현대사회에서는 과학기술의 발달로 일반인이 자기 눈으로 확인할 수 없는 일들도 「진실」이라고 세상에서 인정하고 있습니다.

자기 자신의 힘으로 확인할 수 없다는 점은 같은데도 과학자의 통설은 받아들이고, 다른 쪽으로 경전(佛典)에 설해져 있는 윤회는 받아들이지 않는다는 것은 대체 어떤 논리에 의거하는 것일까요?

유물론자라면 모르겠지만, 불교도가 그런 생각을 하고 있다면 바로 자신의 신앙을 부정하는 것이 됩니다.

이에 대하여 또 다음과 같은 반론이 있을지도 모릅니다.

"자연과학의 성과는 실험으로 재현 가능한 것이지만, 경전의 내용은 검증 불가능한 것이 아닌가.…"

그러나 그것은 적절한 말이라 할 수 없습니다. 앞에서 설명한 죽음과 재생의 과정은 인도나 티베트의 높은 경지에 도달한 성자들이 깊은 명상 상태에서 현실적으로 체험해 온 내용입니다.

숙달된 최상승요가 탄트라 수행자라면 실제 죽음의 상태와 같은 심신의 상태를 명상 속에서 마음대로 실현할 수 있습니다. 그것도 동등한 경지에 도달한 수행자가 있다면 똑같은 형식으로 언제라도 재현할 수 있는 것입니다. 진정한 밀교의 명상은 능숙한 수행자가 자신의 생각으로 제어할 수 있는 것이고, 돌연히 생겨서 재현 불가능한 신비체험과는 본질적으로 다릅니다.

유감스럽게도 지금의 저처럼 평범한 사람들은 그런 명상을 자유자재로 수행할 수가 없습니다. 이럴 경우 윤회의 문제에 어떻게 대처해 나가면 좋겠습니까?

먼저「"윤회가 절대 있을 수 없다"라고 단정할 수 없다」라는 점을 깊이 숙고해서 납득해야 합니다. 윤회는 과학으로 증명할 수도 없고 부정할 수도 없습니다.

다음으로 물질적인 요소와 정신적인 요소를 구별하는 점이 중요합니다. 거친 차원의 마음은 뇌나 신경이라는 물질적인 요소에 의존하고 있지만, 뇌세포 그 자체가 마음은 아닙니다. 뇌를 가지고 있는 인간의 몸은 양친의 정자와 난자에서 유래하고 유전자 정보에 근거해서 형성됩니다. 이것은 물질적인 요소의 인과관계입니다.

그러나 마음으로 아무리 생각해도 현실에 물질이 생겨나지 않는 것과 마찬가지로, 물질에 아무리 작용을 하게 해도 마음을 발생시킬 수는 없습니다. 그러므로 정자나 난자나 유전자라는 물질적인 요소만으로 정신적인 요소인 마음 그 자체를 산출할 수는 없습니다. 마음의 존재를 합리적으로 설명할 수 있는 것은 윤회설 밖에는 없습니다.

이렇게 논리적으로 이해한 다음 단계에는 석가모니 부처님이나 쫑카빠 대사를 비롯한 위대한 성자들에 대한 신심을 확립해 가는 것입니다. 그러기 위해서는 먼저 불교의 내용을 폭넓게 배우고 숙고하여 그런 성자들이 어느 정도 신뢰할 수 있는 분들인가를 스스로 잘 검증해야 합니다.

그리고 「이러한 신뢰할 수 있는 성자들이 윤회를 대전제로 하여 가르침을 설하고 있다」라는 사실을 확인하고, 이 사실과 앞의 논리적인 이해들을 더한다면 매우 강한 확신을 얻을 수 있을 것입니다.

이런 식으로 윤회를 말하면 불교 개론서를 많이 배운 독자의 경우, 여러 가지 의문이 생길지도 모릅니다. 예를 들면, "석가모니 부처님은 사후세계에 대한 질문에 어떠한 대답도 하지 않으셨으니 불교는 윤회를 인정하지 않는 것이 아닌가."

사실 근대 불교학에는 그런 주장도 있습니다. 하지만 정말 그렇겠습니까? 여기서의 석가모니 부처님의 대응은, 지금 수행해야 할 수행을 게

을리 하고, 사후 세계에만 관심 있는 사람에게 준 하나의 훈계로서 이해해야 하지 않을까요?

그 사람이 행복한 미래를 얻기 위해 필요한 것은 이리저리 걱정하는 것이 아니라 지금 열심히 수행하는 것이기 때문입니다. 그것을 가지고 석가모니 부처님이 윤회 그 자체를 부정했다고 결론짓는 것은 논리의 비약이라고 밖에 말할 수 없습니다.

"윤회설은 바라문교나 힌두교의 주장이고, 카스트제도를 사상적으로 지지해 왔다. 그에 대해 불교는 신분 차별을 부정한 것이므로 윤회설도 부정하는 것이 아닌가."

이것도 근대 불교학 속에서 자주 말하는 것입니다. 확실히 윤회설은 석가모니 부처님 시대 훨씬 이전의 인도 종교나 철학에 널리 인식되어 왔던 생각입니다. "전생에서 선업을 쌓았기 때문에 금생에 귀한 신분으로 태어났다."라는 식으로 사회적인 신분제도의 배경으로서 기능해 온 점도 사실이겠지요.

이에 대하여 불교는 일체중생 모두가 근본적으로 평등하다는 점을 강조하고, 바라문교적인 사회의 틀과 신분 차별을 부정했습니다. 그러나 윤회 그 자체에 대해서, 불교가 그것을 부정한 사실은 찾아볼 수 없습니다. 가령 석가모니 부처님이 깨달음의 지혜로 "중생은 윤회하지 않는다"라는 결론을 얻었다면, 어찌하여 그것을 적극적으로 설하지 않았겠습니까? 윤회설이 당시 인도 사회에서 폭넓게 승인되고 있었고, 더욱이 그것이 잘못된 것이라면 완전한 깨달음을 얻어서 어떤 것도 다 알고 계신 석가모니 부처님이 그렇게 중대한 잘못을 그냥 지나치실 리가 없습니다. 이렇게 생각하면 「윤회설은 바라문교나 힌두교의 주장이고, 불교는 그것을 부정했다」라는 단순한 도식이 성립하지 않는다는 것은 명백하겠지요?

또한 불교 교리에서 다음과 같은 의문이 생길지 모릅니다.
"불교는 무아를 설하고 있기 때문에 그것과 모순되는 윤회설은 필연적으로 부정되는 것이 아닐까…."
분명히 바라문교나 힌두교에서는 윤회의 주체로서 진아(眞我 atman)라는 실체성을 인정하고 있습니다. 그에 대해 불교는 무아(無我)를 주장하고 견고한 실체성의 존재를 부정하고 있습니다. 이것은 살아 있는 인간에게도 마찬가지입니다.

다시 말하면, 불교에서 말하는 「무아」란, "죽으면 내가 존재하지 않게 된다"라는 의미가 아닙니다. 그런 것이 아니라 "지금 살아 있는 내 존재를 끝까지 파고 들어가 보면 견고한 실체성은 어디에서도 찾아볼 수 없다"라는 의미입니다. "지금 살아 있는 내가 존재하지 않는다"라는 것은 아닙니다.

같은 맥락에서, 윤회의 주체를 끝까지 파고들어 가보면 견고한 실체성은 어디에도 볼 수 없습니다. 그러나 중생이 윤회한다는 그 사실 자체가 존재하지 않는다는 것은 아닙니다. 견고한 실체성이 결여된 상태에서 윤회하는 주체를 중관의 귀류논증파3)에서 「단순한 나」라고 표현하는 점은 앞에서 설명한 그대로입니다.

만약 "무아이기 때문에 윤회는 전혀 존재하지 않는다"고 한다면, 그렇게 말하는 자신도 무아이기 때문에 전혀 존재하지 않는 것이 되어 버립니다. 무아의 올바른 의미는 《반야심경》이 설하는 「색즉시공」의 공과 같습니다. 이에 대해서는 10장에서 좀 더 생각해 보겠습니다.

남방의 상좌부 불교에서 중국이나 한국, 일본 등의 한역권 불교, 티베트 불교에 이르기까지, 살아 있는 가르침을 계승하는 불교 전통은 모두 윤회를 전제로 하고, 그 위에 교리와 수행 체계를 구축하고 있습니다. 또한 그런 체계에 따라 실제로 수행을 쌓고 있는 많은 수행자들이 실제로 높은 경지를 성취해 온 것입니다.

근대 불교학의 일부 연구자, 혹은 그 영향을 받아 변질된 일본 불교

---

3) 중관파가 하나의 학파라는 의식을 가지고 역사에 등장한 것은 5세기경 붓다팔리타(Buddhapalita, 佛護, 470~540경) 이후라고 생각된다. 그의 『중론』 해석 방식과 입장을 귀류 논증파(歸謬論證派, Prasangika)라고 한다. 철학은 개념, 혹은 개념들 간의 상호관계에 대한 입론이다. 그러나 프라상기카는 논의[論]를 확립[立]하려는 것이 아니라, 그것을 파괴하려는 것이다. 모든 입론은 궁극적으로는 성립할 수 없음을 보여줌으로서 그것을 파괴하고, 오류의 파괴[破邪]를 통해 진실을 드러내려는[顯正] 것이다. 이것이 파사(破邪)가 곧 현정(顯正)이라는 말의 의미이다. 귀류논증파는 상대방의 논리를 이용해서 그것이 모순 내지 오류로 귀결됨을 보여줄 뿐, 그와 반대되는 어떤 주장을 펴고 있는 것은 아니다.

의 일부 종파에서 윤회는 있을 수 없다고 생각하고, "석가모니 부처님은 윤회를 인정하지 않았다"고 주장하고 있지만, 그런 생각으로 수행하고 실제로 높은 경지를 얻은 수행자가 대체 어느 정도 있을까요?

불교를 자신의 수행의 길로 선택할 때, 이 점을 아주 신중히 잘 생각하지 않으면 나아가야 할 방향을 그르치게 됩니다.

애매한 근거밖에 없음에도 불구하고 윤회를 부정하는 배경에는 결국 과학만능주의에 영합할 수밖에 없는 사정이 있습니다. 서양 전래의 자연과학을 눈부셔 하던 옛날이라면 몰라도, 지금에 와서는 과학만능주의의 한계가 드러나고 있습니다.

앞에서 말한 것처럼 윤회는 자연과학으로 증명할 수도 없고 부정할 수도 없습니다. 현대를 사는 우리들은 과학의 범위를 올바르게 인식해야 합니다. 그 한계를 벗어난 것을 종교적인 틀 안에 설정하는 것은 비과학적인 미신과는 근본적으로 다릅니다.

지극히 장대한 종교 체계인 불교를 과학만능주의가 허용하는 범위 안으로 몰아넣고 단순한 인생훈으로 왜소화시켜 버릴 것인가, 그렇지 않으면 마음을 무한대로 향상시키기 위한 스케일 큰 수행도로서 활용할 것인가…. 그 분기점이 되는 것이 윤회를 어떻게 파악하는가 하는 문제일지도 모릅니다.

이상 검토해 온 것처럼 윤회를 받아들이는 것은 불교를 수행하는 전제가 되는 중요한 포인트입니다. 이 장을 마치면서 가장 중요한 것을 다시 한 번 강조해 두겠습니다.

불교에서 윤회라는 생존을 바람직한 것으로 파악하는 것은 아닙니다. 윤회는 번뇌로 초래된 미혹한 세계이고, 그 본질은 고통입니다. 이 점은 1장에서 "자기 애착으로 모든 불행이 생긴다"고 말한 것과도 밀접한 관계가 있습니다.

또한 14장에서는 「육도윤회」라는 전통적인 교리에 근거해서 여러 가지 각도에서 검토해 보겠습니다. 석가모니 부처님은 중생이 윤회하는 것을 전제로 그런 존재가 본질적으로 고통이라는 점을 발견하고, 윤회의 고통과 그 악영향을 완전히 극복하는 방법, 다시 말하면 윤회 세계에서 해탈하는 길을 설한 것입니다. 이 점이야말로 불교와 다른 종교를 구별하는 하나의 명확한 기준이라고 할 수 있겠지요.

■ 3장의 내용을 더욱 상세하게 알기 위해 권장하는 책
→ 겔룩파 판 《티베트 사자의 서》 平岡宏一 譯/ 學硏(文庫版)

I. 티베트 불교란 무엇인가 57

II. 밀교편

 4. 궁극적인 이상의 경지
- 부처님이란 무엇인가

　1장에서 3장에 이어 이제 티베트 불교의 핵심에 다가가 봅시다.
　4장에서는 먼저 수행의 단계를 결과에서 시작해서 원인으로 거슬러 가보겠습니다. 다시 말하면, 먼저 목표로 해야 할 존재를 설정한 위에 그것을 실현하기 위해서는 어떻게 하면 좋은가를 생각해 보는 것입니다. 그렇게 함으로써 "나 자신에게는 무엇이 필요하고, 그것이 필요한 이유는 무엇인가"하는 점을 마음속에 명확히 할 수 있으리라 생각합니다.

　대승불교라는 틀 안에서 우리들이 최종 목표로 설정할 수 있는 이상은 부처님의 경지입니다. 이 점은 이미 1장에서 검토했습니다.
　부처님은 모든 것을 다 아는 지혜(一切智智), 무한의 자비, 자유자재한 구제 능력을 완전무결한 상태로 갖추고 계십니다.

자기 애착을 만족시키기 위해 여러 가지 번뇌를 일으켜 마음이 오염되어 있는 우리와 같은 평범한 사람이 과연 부처님이라는 궁극적인 경지를 달성할 수 있을까요? 상식적으로 생각하면 이것은 거의 불가능한 것처럼 보입니다. 하지만 그런 생각은 불완전한 인간의 생각입니다.

그에 대해 석가모니 부처님은, "바르게 수행하면 누구라도 반드시 부처님이 될 수 있다"라고 단언하고 계십니다. 석가모니 자신은 이미 완전한 지혜를 이룬 부처님입니다. 완전한 지혜를 지닌 부처님의 말씀과 불완전한 인간의 생각을 비교하면 어느 쪽이 올바른가는 명확하겠지요.

대승불교의 가르침을 잘 배워서 바른 수행을 수행하면 우리와 같은 평범한 사람도 반드시 부처님의 경지를 달성할 수 있는 것입니다. 그 점을 석가모니 부처님이 보증해 주시고 계신 것입니다. 그러니 얼마나 멋있는 일입니까! "나도 할 수 있을까"라고 고민할 필요 없이 자신감을 가지고 부처님의 경지를 목표로 정진하기만 하면 되는 것입니다.

그러기 위해서는 우리 자신의 노력이 없으면 안 됩니다. 분명히 석가모니 부처님이나 아미타불 등 많은 부처님이 우리들에게 구원의 손길을 내밀어 주시고 계시고, 그 구제 능력은 완벽한 것입니다. 그렇더라도 석가모니 부처님이나 아미타불의 힘에 의지하기만 하고 아무런 노력도 하지 않는 우리를 부처님으로 바꾸어 줄 수는 없습니다.

석가모니 부처님은 이렇게 말씀하셨습니다.

"부처님은 사람들의 죄를 물로 씻어 주는 것이 아니고,
사람들의 고통을 손으로 뽑아내어 주는 것도 아니다.
또한 자기 자신의 깨달음을 다른 이에게 옮겨 주는 것도 아니다.
그런 것이 아니라 진실한 가르침을 설함으로써
사람들에게 깨달음을 얻을 수 있도록 하는 것이다."

다시 말하면, 부처님의 진정한 구제활동은 그 가르침 속에 응축되어 있고, 우리들이 가르침을 배워서 실천함에 따라 구원은 실현되는 것입니다. 모든 부처님은 우리들이 가르침을 잘 배워서 바르게 실천할 수 있도록 세밀히 알아보시고, 여러 가지 방편으로 우리들을 이끌어 주신다고 합니다. 그러므로 긴 수행 과정의 어느 측면에서는 부처님의 힘만으로 구원이 실현되는 것처럼 보이는 경우도 있습니다.

그러나 최종적으로 부처님의 경지를 얻는 데는 역시 자기 자신의 노력이 없어서는 안 됩니다. 물론 그 노력도 부처님의 가르침이나 이끄심이 없으면 과녁을 빗나가는 것이 되어 버리겠지요.

결국 불교 수행을 완성시키기 위해서는 자력과 타력 모두 필요하고, 한가지만으로 된다는 것은 생각할 수 없습니다. 단지 마지막에는 역시 자기 자신의 수행에 의지할 수밖에 없다고 하는 것이 티베트 불교의 입장입니다.

그런데 저처럼 평범한 사람이 부처님의 경지를 얻기 위해 노력해야

할 수행에는 대체 어떤 것이 있을까요?

그것을 크게 나누면 지혜의 수행과 방편의 수행 두 가지가 됩니다. 「지혜의 수행」이란 궁극적인 진리에 대한 이해를 탐구하는 것입니다. 「방편의 수행」은 자비의 마음을 길러서 여러 가지 선행을 쌓는 것입니다. 이 두 가지 수행은 이른바 플러스의 요소를 늘여서 완전무결한 상태를 이루는 수행이라 할 수 있습니다.

이번에는 마이너스 요소에 주목해 봅시다.

지혜와 방편의 수행은 속을 뒤집어 보면 자기 애착이나 번뇌라는 나쁜 요소를 소멸해 가는 것에 지나지 않습니다. 결국 모든 번뇌를 모두 뿌리째 끊어 버리고 그 흔적[所知障]까지도 다 씻어 없앴을 때, 나쁜 요소가 한 치도 없는 「부처님의 경지」가 실현되는 것입니다.

요약하면, 우리들이 부처님의 경지를 얻기 위해서는 지혜의 수행과 방편의 수행을 완수해야 하는 것, 그리고 번뇌와 그 영향을 모두 끊어 없애는 것이 반드시 필요합니다.

만약 우리가 부처님의 경지를 실현할 수 있다면, 그때 우리들은 어떤 형태로 존재하겠습니까? 그것을 대충 정리하면 법신과 색신의 두 가지 몸[二身]이 됩니다.

아주 알기 쉽게 말한다면, 법신은 부처님의 마음, 색신은 부처님의 몸입니다. 하지만 부처님의 진정한 존재는 우리들의 상식을 훨씬 넘어서 있습니다. 그러므로 법신과 색신을 보통 인간의 마음과 몸처럼 단순히 파악할 수는 없습니다.

「법신」은 모든 존재를 다 아는 완벽한 지혜임과 동시에 전 우주에 두루한 궁극적인 진리이기도 합니다. 그러나 그 의미를 진정으로 이해하는 것은 매우 어렵습니다.

「색신」은 「보신」과 「응신」으로 나눌 수 있습니다.

「보신」은 부처님의 지혜의 힘으로 모은 미세한 풍으로 구성된 우주의 정점이라는 곳(색구경천 상층의 밀엄정토)에서 일체 중생 모두를 대자비의 눈으로 보고 계십니다.

그리고 실제로 구제의 손을 내밀어야 한다면 모든 곳에, 모든 때에, 모든 모습으로 화신을 나투는 능력을 가지고 계십니다. 그런 화신을 「응신」이라 합니다. 이렇게 생각하면 법신·색신의 이신(二身), 혹은 법신·보신·화신의 삼신(三身)은 한 부처님에게 갖추어져 있는 것이라는 점을 잘 이해할 수 있겠지요. 그 한 부처님은 우리들의 입장에서 본다면 석가모니 부처님 밖에 없습니다.

석가모니 부처님도 먼 옛날에는 우리들과 같은 평범한 생명체였다고 합니다. 그리고 어느 때 "일체 중생 모두의 행복을 위해 나 자신이 부처님의 경지를 얻자"는 서원을 세우고, 지혜의 수행과 방편의 수행에 힘써서 번뇌와 그 영향을 완전히 끊어 없애고 마침내 부처님의 경지를 얻으신 것입니다.

그 순간 법신과 보신을 동시에 완성하고, 무수한 응신을 나투어 오늘에 이르기까지 무한한 구제활동을 계속하는 것입니다. 그런 응신의 한 분이 고대 인도에 석가족의 태자로 태어난 역사상의 「석가모니 부처님」이십니다.

그러나 법신·보신·화신의 삼신을 동시에 갖추어 구제 활동을 전개하는 것이 특별히 석가모니 부처님에게만 한정된 것은 아닙니다. 지금까지 수많은 부처님들이 그런 존재를 실현해 오셨습니다. 그리고 미래에는 석가모니 부처님을 본받고 배워서 바로 우리들 자신이 이 존재를 실현하도록 해야 하는 것입니다.

가끔 불교개론서에서 「법신의 대표 예는 비로자나불, 보신의 대표 예는 아미타불, 응신의 대표 예는 석가모니불」이라는 식으로 삼신이 별개의 부처님인 것처럼 설명하는 것을 볼 수 있습니다.

물론 그것도 근거는 있겠지만, 적어도 이 책을 읽고 있는 동안은 그런 생각을 잊어 주십시오. 삼신을 별개의 부처님으로 파악하는 한 5장·7장·8장의 설명은 전혀 이해할 수 없게 되어 버립니다.

그리고 또 한 가지, 역시 불교개론서에 「석가모니불이 설한 것은 원시불교뿐이고, 대승불교나 밀교는 후세에 창작된 것이다」라는 취지의 설명을 하고 있는데, 이러한 생각도 매우 문제가 있습니다.

물론 「평범한 인간의 눈에 비쳐지고 나타나신 분」이라는 의미에서는 그럴지도 모르겠습니다. 인문과학으로서의 「불교사」는 유적이나 확실한 사료를 근거로 하여 그 수준의 일만을 취급합니다. 그러나 대승불교를 자신의 수행도로서 배우고 수행하려 한다면, 우리는 그 수준을 초월하지 않으면 안 됩니다.

석가모니 부처님은 모든 것을 다 알고 계시는 부처님입니다. 그렇다면 대승불교의 내용도 밀교의 내용도 석가모니 부처님의 깨달음 속에서 성립해 있지 않으면 안 됩니다.

더욱이 석가모니 부처님이 부처님이 되신 것은 일체 중생을 구제하기 위해서입니다. 그 목적은 자신의 깨달음의 내용을 다른 이에게 설명하지 않으면 현실화되지 않습니다. 그런 점을 아주 잘 생각하고 부처님이신 석가모니 부처님에 대한 신심을 확립하는 것이야말로 불교의 수행에 들어가는 최초의 첫걸음이라 할 수 있습니다.

석가모니 부처님이 설하신 대승불교의 가르침은 평범한 불교도의 사회가 충분히 성숙할 때까지는 주로 천상의 보살들에 의해 전해졌다고 합니다. 그리고 근기가 성숙되었을 때 고대 인도의 성자들에게 전해진 것입니다.

지혜의 수행에 관한 가르침은 문수보살로부터 나가르주나(용수보살)에게로, 방편의 수행에 관한 가르침은 미륵보살로부터 아상가(무착보살)에게로 전해졌다고 합니다.

밀교에 관해서는 더욱 특별한 차원에서 생각할 필요가 있습니다. 밀교의 내용 그 자체는 석가모니 부처님이 보신의 상태에서 설하신 가르침이라고 합니다. 그때의 보신을 「대일여래」라고도 하고, 최상승요가 탄트라에서는 「지금강불」이라고도 합니다.

그 가르침이 인간계로 전해진 경위는 여러 가지 형태로 설해져 있습니다만, 「석가모니 부처님이 본존의 모습으로 성자들에게 비밀리에 전수했다」라는 의미로 해석할 수 있습니다.

이러한 일을 "단순히 만들어 낸 이야기다"라고 치부하지 말고, "높은 경지의 성취자들의 눈으로 보면 진실로 있을 것이다"라는 순수한 마음을 가지고 가르침과 성자들에 대한 신심을 더 확고히 할 수 있다면 자신에게 대단히 유익할 것입니다.

■ 4장의 내용을 좀 더 상세히 알기 위해 권하는 자료
→ 《붓다 · 석존이란》 大法輪閣의 p.184~p.192 「티베트 佛敎 모든 佛法을 설한 敎主」 齋藤保高

5. 죽음과 재생을 정화하여 부처의 경지로
  - 광명(光明)과 환신(幻身)

부처님의 경지를 얻기 위해서는 지혜의 수행과 방편의 수행을 완수하는 것, 그리고 번뇌와 그 악영향을 모두 끊어 없애는 것이 필요합니다. 이 점은 앞 장에서 설명했습니다. 그런 수행이야 말로 대승불교의 실천 내용에 다름 아닙니다.

대승불교 중에서도 밀교의 수행 방법을 채용하면 이상의 경지에 도달하는 시간은 훨씬 단축됩니다.

"일체 중생 모두의 행복을 위해 나는 어떻게 해서라도 속히 부처님의 경지를 실현하고 싶다."

그렇게 진지하게 원하는 뛰어난 제자들에게 석가모니 부처님이 설하신 비밀의 방편…. 그것이 「밀교」라는 것입니다. 그 밀교 중에서도 가장 높은 수준의 가르침과 수행을 **「최상승요가 탄트라」**라고 합니다.

최상승요가 탄트라라는 살아 있는 가르침과 수행을 본격적으로 전하는 것은 티베트 불교밖에 없습니다. 이 점은 2장에서도 언급한 것인데, 티베트 불교 최대의 특색이라 할 수 있겠지요.

최상승요가 탄트라 중에서도 쫑카빠 대사의 겔룩파에서 가장 중시하는 가르침이 「구히야사마자(비밀집회)」 성자류(聖者流)입니다. 불교 중에서도 "이것이 최고의 가르침이다"라고 형용되고 있는 것이 몇 가지가 있지만, 쫑카빠 대사의 교리·수행 체계에 있어서는 바로 「구히야사마자」가 모든 불법의 정점에 자리하고 있습니다.

다른 종파의 경우, 예를 들면, 「칼라챠크라」나 「족첸(대원만)」, 「마하무드라(착첸 : 大手印)」를 최고의 가르침으로 하는 입장도 있습니다. 그러나 이 책에서는 2장 마지막에서 언급한 것처럼, 「쫑카빠 대사의 견해를 따른다」라는 방침으로 일관되게 서술을 진행하겠습니다.

최상승요가 탄트라 수행은 「생기차제 - 준비 단계」와 「원만차제 - 완성 단계」라는 두 가지 단계로 나눌 수 있습니다. 수행자는 먼저 생기차제에 충분히 숙달되고 나서 원만차제의 수행에 들어갑니다.

원만차제의 수행도 5~6단계가 있는데, 크게 전반과 후반으로 나눌 수 있습니다. 원만차제 후반의 수행 내용은 부처님의 경지를 얻기 직전의 상태를 수행자가 직접 실현하는 것입니다. 그 방법은 3장에서 설명한 죽음과 재생의 과정을 응용하는 것입니다. 그것을 명상의 힘으로 체험하면서 나쁜 요소를 완전히 정화해 버리면 이 일생 동안에 부처님의 경지를 얻을 수 있다고 합니다.

그러면 3장의 내용을 기억하면서 「구히야사마자」 성자류의 이론에 따라서 부처님의 경지를 실현하는 얼개를 간략히 살펴봅시다. 죽음의 과정에서 「여덟 단계의 융해 단계」를 거친 후를 주목해 주십시오.

「정광명」이라는 미세화의 극한점에 있어서 심상속이 마치 가을 하늘의 허공처럼 아주 청정하고 맑은 것으로 됩니다. 이것이 첫째 포인트입니다. 그러나 그런 심상속을 가진 주체인 「단순한 나」는 번뇌로 끄달린 여러 가지 업을 잠재적인 상태로 안고 있습니다. 이것이 둘째 포인트입니다.

첫 번째 포인트는, 아주 굉장한 플러스 요소입니다. 왜냐하면 그처럼 청정하고 맑은 마음은 궁극의 진리를 직감적으로 깨달을 가능성을 가지고 있기 때문입니다.

궁극의 진리란, 《반야심경》에서 「색즉시공」이라 말하는 「공성(空性)」을 말합니다. 물론 우리들은 《반야심경》이나 중관 철학을 잘 배움으로써 공성의 의미를 바르게 알 수가 있습니다. 그것은 밀교를 수행하기 위해서도 절대 없어서는 안 될 요소입니다. 그러나 그렇게 하여 얻어진 공성의 이해는 어디까지나 추론적입니다. 마치 눈으로 볼 수 있도록 손에 쥐는 것처럼 공성을 직감적으로 깨달은 것은 아닙니다.

하지만 「정광명」의 상태에서는 마음이 완전히 청정하고 맑으며, 모든 것이 가장 미세한 차원으로 환원되어 마치 「가을 하늘의 허공 그 자체」처럼 일체적(一體的)인 존재로 체험되기 때문에 공성을 직감적으로 깨달을 수가 있는 것입니다.

상식적으로 생각해 보아도 알 수 있는 것처럼, 실제로 임종의 침상에서 「정광명」의 상태를 맞이하더라도 우리들은 자신의 마음을 제어할 수가 없습니다. '이 청정한 마음의 상태를 이용하여 공성을 직감적으로 깨닫자'라고 그 시점에서 생각하는 것은 불가능합니다. 그러므로 모처럼의 기회는 완전히 헛되게 되고 공성을 직감적으로 깨닫는 일은 털끝만큼도 없이 사후의 세계인 「중유(中有; 바르도)」로 옮겨갑니다.

여기에서의 전개는 두 번째의 포인트, 다시 말하면 업과 번뇌라는 마이너스 요소의 지배 하에서 미세한 마음과 풍이 거친 것이 되고 내생에 재생하는 과정을 밟습니다. 유감스럽게도 우리들은 무한의 과거에서부터 이러한 헛된 일을 반복하면서 윤회를 거듭해 온 것입니다.

만약 「정광명」의 시점에서 마음을 제어할 수 있다면 이후의 전개는 전혀 다른 것이 됩니다. 그러기 위해서는 실제로 임종의 침상이 아니라, 생전에 명상의 힘으로 「정광명」과 같은 상태를 실현할 필요가 있습니다.

우리들이 살아 있는 동안, 「정광명」이라는 완전히 청정하고 맑은 마음의 상태를 얻는다는 것은 보통이라면 전혀 불가능합니다.

왜 그럴까요?

그런 마음의 상태가 가능한 것은 가장 미세한 의식과 풍이 활성화했기 때문입니다. 그러나 가장 미세한 의식과 풍은 보다 거친 차원의 마음이나 풍이 조금이라도 작용하는 동안은 깊숙이 잠재되어 있습니다.

그렇다면 명상의 힘으로 「여덟 단계의 융해 단계」와 같은 상태를 실현하여 거친 차원의 마음이나 풍의 활동을 모두 멈추어 본다면 어떻겠습니까? 정말로 그렇게 할 수 있다면 가장 미세한 의식과 풍을 활성화시키는 것도 가능하게 되는 것입니다.

이러한 이론을 근거로 인도나 티베트의 성자들이 실제로 명상 수행을 거듭 쌓은 결과, 살아 있는 상태에서 「정광명」과 똑같은 마음의 상태를 달성하고 있습니다. 그러나 그것만으로는 아직 충분하지 않습니다.

「정광명」은 어디까지나 공성을 직감적으로 이해할 수 있는 「가능성」을 가지고 있는 것뿐이고, 그 가능성을 현실에 실현하기 위한 별다른 요소가 필요합니다.

그것은 미리 중관 철학을 잘 익히고 공성의 이해를 확립하고 나서 그 내용을 반복해서 명상하고 마음에 훈련시켜 두는 것입니다. 그렇게 해서 얻어진 경지는 또한 직감적인 공성의 이해는 아니지만, 공성의 의미를 바르게 파악하는 것입니다. 그 성과를 최상승요가 탄트라 명상에 도입한다면 한층 더 진전을 기대할 수 있습니다.

만약 명상의 힘으로 「정광명」과 똑같은 상태를 실현할 수 있다면, 그것과 공성의 이해를 결합하는 것이 아주 중요한 포인트입니다.

평범한 인간이 임종의 침상에서 맞이하는 「정광명」의 경우, 공성의 이해 요소는 전혀 없습니다. 그래서 공성을 직감적으로 깨달을 기회를 놓치고 업과 번뇌의 힘으로 윤회를 반복하는 것입니다.

원만차제 후반의 수행에서 그런 존재를 극복할 수 있는가 없는가 하는 것은, 명상 중에 「정광명과 공성의 이해를 결합한 상태」를 실현할 수 있는가 없는가에 달려 있습니다. 그것이 능숙하게 된다면 공성을 직감적으로 깨닫는 것이 진실로 실현되는 것입니다.

그때 마치 눈으로 볼 수 있도록 손으로 잡는 것처럼 공성을 직감적으로 이해하는 그 의식의 상태를 「구생(俱生)의 대락(大樂)」이라고 합니다. 이것은 아주 미세한 행복감이고, 우리들이 일상적으로 체험하는 여러 가지 「기분 좋다」라는 감각의 근본 바탕에 있는 잠재의식입니다. 그런 구생의 대락으로 공성을 직감적으로 깨닫는다는 것은, 이론만으로는 상당히 이해하기 어렵습니다.

그러나 스승으로부터 관정과 구전 전수를 받아서 최상승요가 탄트라 명상을 시작하면, 저처럼 낮은 차원의 수행자로서도 그 방향성을 어느 정도 실감할 수 있다고 생각합니다.

최상승요가 탄트라 명상에서 이 구생의 대락은 "일체 중생 모두의 행복을 위해 빨리 부처님의 경지를 얻고 싶다"라는 동기, 다시 말하면, 수행자의 좋은 마음이 결합되어 현현합니다.

이 점에 관해서는 다음 장에서 좀 더 설명하겠습니다.

「정광명」과 공성의 이해를 결합한 결과, 공성을 직감적으로 깨달을 수가 있다면 업과 번뇌의 지배 하에서 내생에 재생한다는 나쁜 전개를 크게 방향 전환시킬 수 있는 가능성이 열립니다.

그것은 왜 그럴까요?

우리들이 윤회하는 직접적인 원인은 심상속을 가지는 주체인 「단순한 나」가 많은 업을 잠재적인 상태로 안고 있기 때문입니다. 그런 업은 여러 가지 번뇌로 초래된 것입니다. 그 여러 가지 번뇌의 근원에 있는 것은 공성에 대한 무지이고, 모든 존재를 실체시하는 습관입니다. 그런 무지를 불교 용어로 「아집」이라 합니다.

일상적으로 사용하는 「아집」이라는 말은 불교의 입장에서 표현하면, 오히려 1장에서 설명한 「자기 애착」에 가깝다고 생각합니다. 그러나 불교에서도 아집과 자기 애착은 밀접한 관계가 있습니다.

어쨌든 공성의 직감적인 이해와 「아집」은 이른바 「불구대천의 원수」처럼 양립 불가능한 관계에 있습니다. 왜냐하면 아집은 실체시하는 습관이고, 공성은 실체성의 부정이기 때문입니다.

원만차제 후반의 수행에서 광명의 상태와 공성의 이해를 결합하는 것이 달성될 때, 아집을 뿌리째 다 끊어 없애는 강력한 힘이 작용합니다. 아집이 끊어지면 마치 뿌리가 잘린 나무의 잎사귀처럼 여러 가지 번뇌도 소멸될 수 있습니다. 번뇌라는 나쁜 요소를 없앨 수 있으면 광명의 상태에서 떠오를 때의 양상은 크게 바뀝니다.

앞에서도 언급한 것처럼 공성을 직감적으로 깨달은 구생의 대락에는 수행자의 좋은 마음가짐이 집약되어 있습니다. 그것은 "일체중생 모두의 행복을 위해 빨리 부처님의 경지를 얻고 싶다"라는 동기입니다. 이것을 원동력으로 광명에서 일어나는 것입니다.

그 과정은 다음과 같이 됩니다. 3장의 설명과 비교해 주십시오.

「광명」에서 일어날 시초는 가장 미세한 풍이 아주 작게 진동하는 것입니다. 그때 선한 동기의 영향으로 「환신(幻身)」이라는 청정한 몸이 탄생합니다. 환신은 가장 미세한 풍이 주된 원인이 되어 성립하고 고체적인 요소 등이 혼입되어 있지 않기 때문에 어디라도 순간적으로 이동할 수 있습니다. 그 모습은 지금강불과 같은데, 평범한 인간의 눈에는 보이지 않습니다.

그때의 마음은 가장 미세한 의식이 주된 원인이 되어 성립하고 「현명근득→ 현명증휘→ 현명」과 역행하며 거친 상태로 되어 갑니다. 다시 말하면, 환신의 성립은 중유가 성립하는 과정을 정화한 것이라 할 수 있겠지요. 그런데 이것은 살아 있을 때의 원만차제의 수행이므로, 수행자의 원래의 육신은 그대로 남아 있습니다. 환신은 마치 수면에서 고기가 뛰어오르는 것처럼, 원래의 육신에서 이탈하여 미세한 물질로서 실제로 성립하는 것입니다.

그러므로 환신을 일으킨 시점에서 그 수행자는 하나의 마음에 두 개의 몸을 얻은 것이 되는데, 보통의 인간에게는 원래의 육체밖에 보이지 않습니다. 그래서 마치 중유가 내생의 몸 속에 들어가는 것처럼 환신이 원래의 육체 속에 들어감으로써 일반 사람들이 지각할 수 있는 존재가 되는 것입니다.

그 뿐만 아니라 사람의 눈에 보이는 별도의 화신을 환신에서 출현시킬 수가 있다고 합니다. 이 구조를 바르게 이해하고 「그런 현상이 진정으로 있다」라고 마음 깊이 납득하는 것은 결코 쉬운 일은 아니겠지요.

하물며 실제로 그것을 실현하는 것은 지극히 어려운 기술이라고 생각합니다. 그러나 이것이야말로 최상승요가 탄트라 수행 과정에서 최대의 열쇠가 되는 중요한 포인트입니다.

이러한 광명과 환신을 실현한 수행자는 마음에 깃들어 있는 모든 번뇌를 미세한 것까지 모두 뿌리째 근절하고 더욱이 번뇌의 뒤에 남아 있는 나쁜 영향(소지장)도 모두 소멸합니다.

다시 말하면, 부처님의 경지를 얻기 위해 극복하지 않으면 안 되는 마이너스 요소를 아주 신속히 없앨 수가 있는 것입니다. 이것을 플러스 요소의 입장에서 보면 광명으로 지혜의 수행을 완성하고, 환신으로 방편의 수행을 완성한다고도 할 수 있겠지요. 그 속도가 매우 빠르기 때문에 진실한 조건이 갖추어지면 한 생애 동안에 부처님이 될[卽身成佛] 가능성도 있는 것입니다.

여기서 실제로 부처님의 경지를 실현하는 순간을 생각해 봅시다. 바로 이 순간, 수행자의 광명은 부처님의 법신(法身)이 되고, 환신은 색신(色身)이 됩니다. 좀 더 상세히 표현한다면, 광명이 법신이 되고, 환신은 보신(報身)인 지금강불로 되고, 원래의 육체가 응신이 되며, 그밖에도 무수한 응신을 자유자재로 출현할 수 있게 됩니다. 이 무수한 응신의 작용으로 "일체중생 모두를 구제한다"라는 목적이 실현되어 가는 것입니다.

이상, 「구히야사마자」 성자류[4]의 구조에 따라서 최상승요가 탄트라

---

[4] 구히야사마자(Guhyasamaja)는 '秘密集會'라 번역하고, 줄여서 '밀집'이라 한다. 원제는 《구햐사마자 탄트라(Guhyasamaja-tantra)》이다. 전편(18장)과 후편(35장)으로 구성된다. 그러나 보통은 전편만을 가리킨다. 985년경에 시호(施護)가 《불설일체여래금강삼업최상비밀대교왕경》이라는 책명으로 번역한 것도 전편만을 수록하였다. 인도와 티베트에서 유행하여 산스크리트와 티베트어로 된 주석본이 많이 남아 있다. 전편 18편은 성립 시기에 따라 3단계로 나뉜다.
제1~12장에서 각 집회탄트라의 기본을 설명하고, 제13~17장에서 그것을 모아 조직한 뒤 제18장에서 요약 해설하였다. 서두에서는 청정법계에 거주하는 비로자나불로부터 여러 부처님의 만다라가 출현하는 순서를 밝히고 비로자나불이 모든 여래의 주체임을 주장하였다. 이 때 여러 부처님의 보리심(菩提心)은 무상(無相)의 심(心)으로 나타나는데, 무상의 심은 보살의 실천원리이기도 하다. 이 경지에 도달하기 위해서는 하타요가(Hatayoga) 등 여러 가지 요가 수행이 필요하다.
요가를 통하여 비로자나불, 즉 우주를 마음속에 재현하는 것을 관상(觀想)이라고 한다. 여러 요가 중 최상의 단계에 도달하게 하는 것은 미세(微細)요가이며, 최상관상(最上觀想)이라고도 한다.

원만차제 후반의 수행을 살펴보았습니다. 실제의 수행법에서는 비유의 광명과 본래의 광명, 부정한 환신과 청정한 환신, 광명과 환신의 불완전한 양립[有學双運]과 완전한 양립[無學双運] 등 복잡한 단계가 설정되고 있습니다.

구체적인 수행 내용은 스승으로부터 관정과 구전 전수를 받은 뒤에, 쫑카빠 대사의 저서나 주석 등 충분히 믿을 수 있는 자료를 참고하며 배운다면 좋겠지요.

이 장의 마지막으로 한 가지 더 부가해 두고 싶은 중요한 점이 있습니다. 살아 있을 때 원만차제의 수행에 노력하더라도 부처님의 경지를 달성하기 전에 죽음을 맞이하게 될 가능성도 있습니다.

만약 그렇게 된다면 노력은 모두 물거품으로 돌아가는 것일까요?

아닙니다. 그런 일은 절대 없습니다.

왜냐하면, 그런 수행을 쌓아 온 결과 실제의 임종을 맞이하는 침상에서도 마음을 제어할 수 있는 가능성이 열려 있기 때문입니다.

그렇다면 죽음의 광명의 상태에 다다를 때 생전의 명상 수행으로 배양되어 온 공성의 이해를 결합시켜, 그로 인해 공성을 완전히 직감적으로 깨달아 중유 대신에 환신을 일으킬 수도 있겠지요?

다시 말하면, 이 단계에 이른 수행자에게 죽음은 부처님의 경지를 얻는 최대의 기회나 마찬가지 입니다. 뿐만 아니라 죽음에 대한 공포감 등은 완전히 극복되어 있는 것입니다.

또한 거기까지는 이르지 않았다 하더라도, 금생에 최상승요가 탄트라 수행을 진지하게 쌓아 왔다면 내생에 원만차제의 질 높은 수행을 이룰 수 있는 원인과 조건을 갖추게 되는 것입니다.

광명과 환신을 실제로 달성할 수 있는 경우는 사실 매우 드물고 어렵다고 할 수 있습니다. 그렇다 하더라도 수행이 헛된 것은 아닙니다. 금생에서 가능하도록 열심히 노력한다는 그 자체로 가치는 충분히 있는 것이므로, 다른 걱정은 하지 말고 수행에 몰입하는 자세가 중요합니다.

- 5장의 내용에 관련한 권장할 만한 참고 자료
→ 《시리즈 밀교2 티베트 密敎》春秋社의 제1부 4장 「幻身, 티베트 密敎에 있어서 卽身成佛理論」 平岡宏一

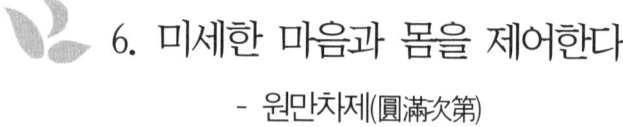

6. 미세한 마음과 몸을 제어한다
- 원만차제(圓滿次第)

　광명과 환신을 달성하기 위해서는 죽음의 과정으로 더듬어 가는 「여덟 단계의 융해 단계」를 명상의 힘으로 실현하고, 거친 차원의 마음과 풍의 활동을 모두 멈출 필요가 있습니다. 그것을 목표로 하는 것이 원만차제 전반의 수행입니다.

　그 내용은 챠크라 등 미세한 심신을 제어하는 정신생리적인 명상입니다. 그러므로 이론적인 설명은 단지 책으로 읽어본다는 것뿐이고, 수행할 수 있는 것은 아닙니다. 그래서 여기에서의 설명도 어디까지나 생각의 개요를 밝히는 정도입니다. 실제로 원만차제의 수행에 들어가기 위해서는 진정한 스승으로부터 관정과 구전 전수를 받고 생기차제를 충분히 익혀 둘 필요가 있습니다.

　그러면 최상승요가 탄트라 이론에 설정되어 있는 독특한 정신생리학적 제요소에 대해서 간단히 소개해 두겠습니다.

우리 「인간」이라는 존재는 마음과 몸으로 구성됩니다. 그 중에 먼저 마음에 대해 생각해 봅시다. 인간의 마음은 여러 가지 단면으로 분류할 수가 있는데, 최상승요가 탄트라 이론에서는 거친 마음·미세한 마음·가장 미세한 마음의 세 가지 층으로 분류할 수가 있습니다.

「거친 마음」은 우리들의 일상적인 마음입니다. 오감에 의존하는 식(根識)이나 그 영향으로 마음속에 이것저것 생각하는 의식 등이 해당됩니다. 이러한 거친 마음은 죽음의 과정에서 「제4의 융해 단계」가 완료한 때 모든 활동을 잃게 됩니다.

「미세한 마음」이란 그런 거친 마음을 지탱하는 잠재의식인데, 일상생활 중에 감지하기는 어렵습니다. 그러나 숙달된 수행자가 깊은 명상에 들어 있을 때는 이 미세한 마음이 활성화 된다고 합니다. 죽음의 과정에서는 「제5의 융해 단계」에서 「제7의 융해 단계」까지의 의식이 이에 해당합니다.

「가장 미세한 마음」이란 「정광명」의 의식입니다. 이 마음은 보다 거친 차원의 마음이 조금이라도 작용하는 동안은 심층에 잠재되어 있습니다. 그러나 만약 이것을 활성화 시킬 수 있다면 공성을 직관적으로 깨달을 가능성을 간직하게 됩니다. 이러한 점은 3장과 5장에서 설명한 대로입니다.

다음에 몸의 측면을 생각해 봅시다.

인간의 거친 몸은 고체[地界]·액체[水界]·따뜻함[火界]·기체 에너지[風界]의 네 가지 요소[四界; 四大]로 성립되어 있습니다. 이 네 가지 가운데 「풍」이 가장 미세한 성질을 가지고 있습니다. 그러나 그 풍에도 거친 것에서 미세한 것까지 여러 가지 차원이 있습니다.

네 가지 요소는 각각 단독으로 분리해서 존재하는 것이 아닙니다. 예를 들면, 아주 고체적인 물질인 뼈라 하더라도 네 가지 요소의 조합으로 성립되어 있습니다. 그러므로 인체의 모든 부분이 미세한 차원에서는 풍으로 지탱되고 있다고 할 수 있는 것입니다.

「풍」은 가장 알기 쉬운 형태로는 「호흡」으로 나타납니다.

더 상세하게 관찰해 보면, 생명력을 유지하고 영양소의 소화 흡수를 맡아서 체온을 유지하고 분비나 배설을 맡고 언어활동이나 신체 활동의 에너지원이 되는 등, 여러 가지 기능을 완수하고 있습니다.

그리고 특히 중요한 것은 마음의 근거로서의 역할입니다. 「마음은 시력은 뛰어나지만 발이 자유롭지 못한 사람, 풍은 다리의 힘은 뛰어나지만 앞을 볼 수 없는 말」의 비유처럼, 마음에는 대상을 명확하게 인식하는 기능이 있으나, 스스로 움직이는 것은 할 수 없습니다. 풍은 그런 마음을 태워서 움직일 수가 있지만, 대상을 인식하는 기능은 없습니다. 이 양자는 서로 도우면서 몸 안을 돌아다니고 있는 것입니다.

마음은 오감에 의존한 마음[根識]과 마음 자신에게 의존하는 마음[意識]

으로 나눌 수 있습니다. 그러나 어느 것이라도 그 근거가 되는 풍을 반드시 동반하고 있습니다.

감각의 식[身識], 청각의 식[耳識] 등 오감에 의존한 마음에는 각각 근거가 되는 종류의 풍이 있습니다. 마음 자신에 의존한 의식의 근거가 되는 것은 생명력을 유지하는 풍[持命風]입니다.

앞에서 말한 것처럼, 최상승요가 탄트라 이론에서는 마음을 세 가지 단계로 나눌 수가 있습니다. 마찬가지로 풍에도 세 가지로 나눌 수 있습니다. 즉 거친 마음을 태우고 있는 풍은 「거친 풍」, 미세한 마음을 태우고 있는 풍은 「미세한 풍」, 가장 미세한 마음을 태우고 있는 풍은 「가장 미세한 풍」이 됩니다.

풍에는 한 곳에 머물러 있는 것도 있지만, 몸 안을 돌아다니는 것도 있습니다. 풍이 몸 안을 이동할 경우 아무렇게나 움직이는 것이 아니라 일정한 경로를 따라 흐르는데, 그 경로를 「맥관(脈管)」이라 합니다.

인간의 몸 안에는 7만 2천 개의 맥관이 있는데, 가장 중요한 것은 척추 앞을 위아래로 통하는 중앙 맥관입니다. 이것은 코로 통하는 상단(上端)의 문이 미간에 위치해 있고, 거기에서 정수리로 올라가서 반전하여 척추 앞을 하향하고 하단(下端)의 문은 성기의 선단에 위치한다고 합니다.

이 중앙 맥관의 정수리·목구멍[喉]·가슴·배꼽[臍]·회음의 다섯 곳에 차크라가 있습니다. 「차크라」는 이들 위치의 중앙 맥관에서 수평 방향으로 방사상처럼 갈라져 있는 맥관을 말하는데, 정수리와 회음은 32가닥, 목구멍은 16가닥, 가슴은 8가닥, 배꼽은 64가닥으로 나누어져 있다고 합니다.

또한 중앙 맥관과 병행하는 형태로 우맥관과 좌맥관이 위아래로 통하고 있습니다. 이 우맥관과 좌맥관은 각 챠크라의 바로 위와 바로 아래에서 중앙 맥관을 졸라매는 것처럼 감고 있습니다. 그 때문에 중앙 맥관으로 풍이 흐르는 것을 방해하고, 상하 방향의 풍은 오직 좌우의 맥관으로만 흐르고 있는 것입니다.

이러한 맥관이나 챠크라의 설명은 탄트라나 종파에 따라 다릅니다. 물론 인체를 해부한다고 해서 이러한 맥관이나 챠크라를 볼 수 있는 것은 아닙니다. 이런 것은 풍이라는 눈에 보이지 않는 정신생리적인 에너지의 경로이고, 혈관이나 신경처럼 거친 물질과는 다른 차원의 것입니다.

최상승요가 탄트라 수행에서 중요한 것은, "자연 상태로 풍이 어떻게 흐르고 있는가"라는 것보다 오히려 "광명과 환신을 얻기 위해 풍을 어떻게 흐르게 해야 하는가"라는 것입니다. 종파에 따라 설명이 다른 것은 이 "어떻게 흐르게 할 것인가"라는 점에서 각각의 특색이 있기 때문이라 생각합니다.

다음은 적(滴 ; 精粹 ; 틱레Thigle)에 대해서 좀 더 살펴보겠습니다.

「적(滴)」은 겨자씨 정도 크기의 물질이라 하기도 하는데, 역시 거친 육체와는 다른 차원의 것이므로 해부를 해 보더라도 볼 수 없습니다.

인간의 생사의 과정에서 가장 미세한 마음과 가장 미세한 풍은 윤회라는 인과관계를 형성하기 위한 요소입니다. 이에 대하여 정수(精粹)는 부모로부터 자식이 생기는 물질적 인과관계를 형성하기 위한 요소입니다.

틱레에는 흰 틱레와 붉은 틱레가 있습니다. 흰 틱레는 가장 알기 쉬운 형태로는 정자로 나타납니다. 마찬가지로 붉은 틱레는 난자로 나타납니다. 그러나 흰 틱레나 붉은 틱레가 거친 차원의 물질인 정자와 난자 그 자체라는 것은 아닙니다. 그것은 풍을 호흡 그 자체라고 할 수 없는 것과 같은 것입니다. 흰 틱레는 분량의 차이는 있지만 남성 여성 모두에게 존재합니다. 붉은 틱레의 경우도 마찬가지입니다.

그런데 모태 속에서 태아의 생명이 생길 때 아버지의 정자에서 유래한 흰 틱레, 어머니의 난자에서 유래한 붉은 틱레, 전생에서 유래한 가장 미세한 의식, 그 가장 미세한 의식의 근거가 되는 것인 가장 미세한 풍이라는 네 가지 요소가 최초에 존재합니다.

이런 것들이 하나로 모여서 겨자씨 정도 크기의「무너지지 않는 틱레(不壞精粹)를 형성하는 것입니다. 그리고 가장 미세한 풍에서 지명풍(持命風)이 발생하고, 그 풍이 존재하는 장소가 불괴의 틱레를 감싸고 있는 형태로 가슴의 중앙 맥관·좌우맥관·챠크라 등이라 할 수 있습니다.

더욱이 풍이 확산해 감에 따라 중앙 맥관과 좌우의 맥관이 상하로 펴지고 각 챠크라 등이 형성되어 가는 것입니다. 그러므로 인간의 신체구조가 일단 완성된 단계에서는 가슴의 챠크라 중심부에서 중앙 맥관의 가운데에 불괴의 틱레가 존재하게 되는 것입니다.

가장 미세한 의식과 풍은 일반적으로는 임종시에 「여덟 단계의 융해 단계」가 완료될 때까지 불괴의 틱레 중에 잠재되어 있다고 합니다. 불괴의 틱레가 형성되고 나서 흰 틱레의 일부는 정수리의 챠크라로 이동합니다. 또한 붉은 틱레의 일부는 배꼽의 챠크라로 이동합니다. 그 결과 정수리와 배꼽의 챠크라는 틱레를 생산하는 중심으로서 작용하게 됩니다.

정수리에서 생긴 것은 액체(水界의 본질을 가진 흰 틱레, 배꼽에서 생긴 것은 따뜻함(火界의 본질을 가진 붉은 틱레입니다. 불교에서는 자비를 남성 원리, 지혜를 여성 원리로 자리매김 합니다.

그러므로 최상승요가 탄트라 명상에서는, "일체 중생 모두의 행복을 위해 빨리 부처님의 경지를 얻고 싶다"라는 수행자의 의지를 정수리의 흰 틱레(흰 보리심)에 응축하여 파악합니다. 마찬가지로 궁극의 진리인 공성을 이해하려고 하는 수행자의 지혜를 배꼽의 붉은 틱레(붉은 보리심)에 응축하여 파악합니다.

이상의 설명을 전제로 하여, 명상으로써 「여덟 단계의 융해 단계」를 실현하는 방법을 생각해 봅시다. 죽음의 과정에서 「여덟 단계의 융해 단계」가 생기는 주요한 원인은 대체 무엇일까요? 그것은 온 몸의 풍이 좌우의 맥관으로 거둬지고, 그것이 중앙 맥관으로 들어가서 가슴의 챠크라에 거둬지고, 최종적으로 불괴의 틱레에 융해하는 것입니다.

그렇다면 명상의 힘으로 풍을 가슴으로 모음으로써 「여덟 단계의 융해 단계」를 실현할 수가 있는 것입니다. 여기에서 기억해야 할 중요한 점은 풍과 마음이 쌍으로 되어 있는 것입니다. 우리는 풍의 활동을 직접 제어하려고 생각해도 어떻게 해야 할지 모릅니다. 그러나 마음이라면 어느 정도 제어할 수 있는 희망이 있습니다.

몸의 어딘가에 의식을 집중하는 훈련을 통해 집중력을 높이면 그렇게 어렵지는 않겠지요. 그리고 의식은 반드시 그 근거지가 되는 풍과 함께 하고 있습니다. 그렇다면 의식을 집중한 장소에는 풍도 모여 있는 것이 됩니다.

예를 들면, 정수리 챠크라의 형상을 강하게 염하며 의식을 철저하게 집중하면 자연히 거기에 풍이 모이게 되는 것입니다. 원만차제의 전반 수행은 기본적으로 그런 방법을 써서 온 몸의 풍을 조금씩 불괴의 틱레까지 유도하고, 그 결과로 「정광명」과 같은 상태를 실현하는 것입니다.

그러면 그 과정을 살펴봅시다.

먼저 중앙 맥관 하단에 위치하는 성기에 의식을 집중하고 거기에 풍을 모읍니다. 그렇게 하여 풍이 중앙 맥관에 들어가고·머물고·융해됨으로써 배꼽의 챠크라에 미세한 에너지가 공급되고, 따뜻함의 본질을 가진 붉은 틱레가 타오르게 됩니다.

그 열이 정수리의 챠크라에 전달되면 액체의 본질을 가진 흰 틱레가 융해되어 정수리로부터 아래로 내려옵니다. 그것이 목구멍·가슴·배꼽·회음의 각 챠크라에 도달할 때 네 단계의 환희를 체험합니다.

이 네 단계의 환희를 순화해 가면 앞에서 조금 언급한 「구생의 대락」이 되는 것입니다. 즉 구생의 대락이 "일체 중생 모두의 행복을 위해 빨리 성불하고 싶다"라는 동기와 결합하여 나타난다는 의미는 그것이 흰 틱레의 활동(보리심—명상—자비)을 통하여 파악되기 때문입니다.

이렇게 구생의 대락을 추구하고 그로써 공성을 직감적으로 깨닫는 광명의 상태를 달성하도록 하는 방법은 「챠크라삼바라」 계통의 탄트라가 중점적으로 설하고 있습니다. 그러나 광명을 달성하고 나서 환신으로 전개하는 흐름은 「구히야사마자」가 가장 명확히 설명하고 있습니다.

겔룩파의 밀교에서는 어디까지나 「구히야사마자」를 수행 체계의 중심으로 취하고 있으므로, 대락(大樂)과 광명(光明)에 관해서는 「챠크라삼바라」로 보완하고 있습니다.

여기에서는 「구히야사마자」 성자류의 「정광명」 상태를 중심으로 그 흐름을 요점만 간결하게 살펴봅시다.

중앙. 맥관 하단에 풍을 넣는 것까지 설명했는데, 다음 단계에서는 가슴과 코와 성기에 의식을 집중함으로써, 몸의 중심부에 풍을 거둬들여 갑니다. 그 결과로 가슴의 중앙 맥관에 풍이 들어가고·머물고·융해함에 따라 「여덟 단계의 융해 단계」와 비슷한 상태를 순서대로 체험합니다.

「여덟 단계의 융해 단계」는 인간이 죽어 가는 과정인데, 그것을 명상의 힘으로 체험할 때는 죽음에 따른 고통이 아니라 오히려 구생의 대락을 지향하는 환희로써 체험하게 되는 것입니다.

다음으로 가슴 챠크라의 위 아래에 위치한 좌우의 맥관이 중앙 맥관에 감겨 있는 것을 느슨하게 합니다. 그렇게 하면 풍이 불괴의 틱레로 융해되어 가서 「여덟 단계의 융해 단계」를 순차적으로 체험하게 됩니다.

그 중심이 되는 세 가지 현현의 과정을 틱레의 활동에서 살펴봅시다.

상반신의 모든 풍이 중앙 맥관에 거둬짐으로 인해 정수리에 있는 흰 틱레가 아래로 내려오고, 가슴의 챠크라 위에까지 이릅니다. 이 영향으로 현명의 흰 틱레가 생깁니다.

다음에 하반신의 모든 풍이 중앙 맥관에 거둬짐으로 해서 배꼽에 있는 붉은 틱레가 상승하여 가슴 챠크라의 아래까지 이릅니다. 이 영향으로 현명증휘의 붉은 틱레가 생깁니다.

이윽고 그것들이 융해될 때 「정광명」과 비슷한 상태인 「비유의 광명」이 실현되는 것입니다. 이것을 발판으로 해서 - 앞 장에서 설명한 것처럼 - 환신을 일으키고 광명과 양립시켜 가게 되면 부처님의 경지는 손에 닿는 곳까지 가까워집니다.

이상, 「구히야사마자」 성자류의 구조에 따라서 최상승요가 탄트라 원만차제 전반의 수행을 간략히 살펴보았습니다.

실제의 수행법에서는 정적신(定寂身)·정적어(定寂語)·정적심(定寂心)의 세 단계가 설정되고, 여러 가지 복잡한 논의가 있습니다. 구체적인 수행 내용은 스승으로부터 관정과 구전 전수를 받은 뒤에 신뢰할 수 있는 주석서 등을 참고로 하면서 배우면 좋을 것입니다.

7. 「내가 본존!」 만다라 명상법
- 생기차제(生起次第)

부처님의 경지를 빨리 실현하려면, 5장과 6장에서 설명한 대로 최상승요가 탄트라 원만차제를 수행할 필요가 있습니다. 그리고 원만차제의 수행에 들어가기 위해서는 생기차제의 수행에 익숙하도록 수행하는 것이 필요 불가결합니다.

생기차제의 주된 수행 내용은 수행자가 자기를 본존으로 관상하고 그 주위를 만다라 세계로 관상하여 본존 진언을 염송하는 것 등입니다. '내가 본존이다'라고 생각하고 명상하는 수행을 「본존 요가」라고 합니다.

대승불교의 수행을 크게 나누면 일반 대승불교와 밀교의 두 가지로 나눕니다. 이 두 가지로 나누는 결정적인 차이는 「본존 요가」의 유무입니다. 「밀교란 무엇인가」 하면, 본존 요가를 수행하는 것에 지나지 않습니다. 「본존」이란, 요컨대 부처님입니다.

예를 들면, 「구히야사마자」의 본존은 「아촉금강」이라는 부처님입니다. 이는 석가모니 부처님이 「구히야사마자」의 가르침을 설하기 위해 나투신 특별한 모습이고, 보편적인 지금강불에서 전개한 것이라고 할 수 있습니다. 우리와 같은 평범한 인간이 본존=부처님의 입장에서 명상한다는 것은, 수행의 결과로서 얻어야 할 상태를 먼저 취하여 그것에 마음을 익숙하고 친숙하게 해 가는 의미입니다.

또한 똑같은 선행을 수행하더라도 평범한 인간의 입장에서 행하는 것보다는 본존이라는 입장에서 행한 쪽이 훨씬 방대한 공덕을 쌓을 수가 있겠지요? 그런 점에서 밀교의 방법을 채용하면 이상의 경지에 도달하는 시간이 대폭 단축된다고 할 수 있습니다.

그렇지만 본존 요가를 수행하는 것만으로 밀교 전반의 특징을 다 파악했다고 할 수는 없습니다. 어떤 밀교개론서에서 「최상승요가 탄트라의 원만차제에는 챠크라의 명상 등 독특한 요소도 많지만, 생기차제의 경우는 중기 밀교(특히 일본밀교)와 거의 같은 것이다.」라는 해설을 본 적이 있습니다. 그러나 그것은 바른 설명이라 할 수 없습니다.

최상승요가 탄트라의 생기차제에는 일반 탄트라에 존재하지 않는 커다란 특징이 있습니다. 그것은 물론 본존 요가의 한 종류임에는 다름없지만 「삼신수행(三身修行)」이라는 독특한 명상 유형입니다.

「삼신수행」이란, 3장에서 설명한 죽음·중유·재생의 과정을 정화하여 부처님의 법신·보신·응신을 얻는 수행법입니다. 그것을 현실에 실현하는 것이 원만차제, 관상에서 실현하는 것이 생기차제라고 할 수 있습니다.

「관상에서 달성한다」라는 의미는 명상 수행을 반복하여 의식을 변화시키는 수준에서만 실현하는 것입니다. 즉 생기차제의 수행이란 그 뒤의 원만차제에서 실제로 달성해야 할 존재를 철저한 명상의 반복으로 의식면에서 먼저 실현하는 것입니다.

그와 같이 의식면에서 선행하기 때문에 원만차제의 수행에 자신감을 가지고 확실하게 수행해 나가게 되는 것입니다. 생기차제에 익숙해진 시점에서 삼신수행을 성취할 수 있다는 완전한 확신이 얻어지면 다음은 시간문제입니다. 만약 그렇게 되지 않으면 원만차제의 전단계로서 생기차제를 수행하는 의미가 없어져 버립니다.

그러면 「구히야사마자」 성자류를 예로, 생기차제의 흐름을 살펴봅시다.

먼저 수행자는 자신의 스승을 눈앞에 시각화하고, 귀의 발보리심 등의 7지(支)의 기도를 드립니다. 다음에 스승이 자신의 정수리에서 융해된다고 생각하고 공성을 명상합니다.

그 공성의 상태에서 스승이 자신에 융해된 축복의 힘으로, 자기 자신을 본존인 아촉금강으로 순간적으로 떠올립니다. 그리고 최상승요가 탄트라 독특한 내공양(內供養)을 비롯한 여러 가지 공양물을 정화합니다. 이것은 손으로 무드라(印)를 맺고 입으로 만트라(眞言)를 외우고 마음으로 관상하는 것으로써 공양물의 물질적인 한계를 넘어서 본존이 향수할 수 있

구히야사마자의 본존 아촉금강

는 것으로 변화시키는 과정입니다. 그리고 나서 눈앞에 스승과 만다라의 제존을 초대하여 공양물을 드리고 서원의 기도를 바칩니다. 여기에서 다시 공성을 명상하고 지금까지 관상해 온 현상들을 '공'으로 화하게 하여 해소시킵니다.

다음에 수행자는 자기를 지금강불로 떠올리면서 아촉금강의 모습으로 바꿉니다. 이어서 그 주위에 항삼세명왕을 비롯한 10분노존(忿怒尊)을 관상하여 모든 마구니[魔神]의 활동을 봉쇄합니다. 그런 뒤에 이제부터 만다라를 명상할 공간을 결계(結界)하고, 모든 장애를 막습니다. 여기까지는 생기차제 명상의 준비적인 과정입니다.

다음에 공성을 본격적으로 명상하고 이제까지 관상해 온 현상들을 허공에 해소합니다. 「공성」은 불교의 궁극적인 진리이고 모든 존재에 대하여 「그것이 그것이도록 하는 본질적인 것」을 철저하게 규명해 갔을 때, 그런 실체성은 무엇 하나 얻을 수 없다는 의미입니다.

저처럼 평범한 사람들에게 일상생활의 터전은 자신의 업과 번뇌의 힘으로 오염된 고통의 세계로 나타납니다. 물론 일시적인 행복은 여러 가지 있지만, 그런 것은 실로 여리고 덧없는 것입니다. 그러므로 「이 세상의 본질은 고통이다」라는 명제가 불교의 상대적인 진리로써 설해지고 있습니다.

하지만 그런 오염된 고통의 세계로서 일상생활의 터전이 성립되어 있는, 그 본질적인 실체성을 철저히 추구하면 결국 아무 것도 얻을 수가 없습니다. 그러므로 불교의 궁극적인 진리로서는 "이 세상은 공이다"라는 결론이 되는 것입니다. 그러나 이 세상이 공이라 하더라도 우리는 그것이 오염된 고통의 세계라는 현실이 사라지는 것은 아닙니다.

이 두 가지는 동전의 앞뒤와 같은 관계입니다. 이 세상은 공이기 때문에 본래 그것을 「오염된 고통의 세계」로 묶고 있는 본질이 있는 것은 아닙니다. 그러나 내 쪽에서 업과 번뇌라는 원인과 조건이 갖추어졌을 때 그것이 「오염된 고통의 세계」로서 체험되는 것입니다.

그렇다면, 업과 번뇌라는 나쁜 요소가 완전히 사라진 부처님의 경우, 같은 「이 세상」을 어떻게 보고 계실까요?

부처님의 깊고 깊은 지혜의 측면에서는 이 세상을 공성 그 자체로 보고 계십니다. 광대한 자비의 측면에서는 청정한 부처님의 세계로 보고 계십니다. 그 청정한 부처님의 세계를 「만다라」라고 하는 것입니다.

그러나 물론 부처님은 모든 것을 다 알고 계시는 분이기 때문에 자신

만다라 조성

에게 있어서의 「청정한 부처님의 세계」를 저처럼 평범한 인간이 「오염된 고통의 세계」로 체험하는 것도 모두 꿰뚫어 보고 계십니다. 그렇게 되어 버리는 이유는 우리에게 업과 번뇌라는 나쁜 요소가 갖추어져 있기 때문입니다.

그러므로 부처님, 즉 석가모니 부처님은 광대한 자비로써 우리들을 구원할 여러 가지 가르침을 설해 주신 것입니다. 그것은 우리들이 수행을 통해 마음을 향상시켜 업과 번뇌를 끊어 가게 하기 위함입니다.

그 중에서도 「구히야사마자」는 특별히 뛰어난 길입니다.

석가모니 부처님은 자신이 이 세상을 어떻게 보고 있는가 하는 그 가장 세련되고 심오한 견해를 「구히야사마자」에서 직접적으로 설명해 주셨습니다. 그것이 「32존만다라」입니다. 그리고 우리들이 의식을 변화시켜 그 「견해」에서 자기와 주위의 세계를 볼 수 있도록 하기 위한 아주 효과적인 방법도 설해 주셨습니다. 그것이 생기차제의 내용입니다.

우리들이 그것을 반복해서 명상하고 마음을 수습하여 행주좌와의 어떠한 때에도 의식의 힘으로 그 「견해」를 완벽하게 지켜 나갈 수 있게 된다면 생기차제에 숙달되었다고 할 수 있습니다. 그 바탕에서 원만차제에 들어가 광명과 환신을 실현하여 번뇌와 그 악영향(소지장)을 한꺼번에 끊어 없앨 수 있다면 우리들은 석가모니 부처님과 같은 완전한 존재가 되는 것입니다.

대체로 기본적인 골격에 대한 설명은 이렇게 끝났습니다만, 공성의 명상을 앞의 흐름으로 더듬어 봅시다.

관상으로 시각화한 10분노존 등의 전개를 일단 허공에 해소한 뒤에, 공성 그 자체의 상태에서 청정한 부처의 세계로서 만다라를 떠올립니다.

먼저, 의식의 힘으로 풍·화·수·지의 네 가지 물질적인 구성 요소[四大種]를 모아서 쌓고, 그 위에 네 개의 문을 가진 정방형의 누각을 건립합니다. 그 누각은 입체적인 것으로서 시각화해야 합니다.

티베트 밀교의 만다라로 말하면 모래 만다라나 족자, 벽화 등의 형식이 잘 알려져 있습니다만, 모형과 같은 입체 만다라가 초심자에게는 명상의 보조로써 중요한 보배입니다. 그러나 어느 것이든지 수행자가 마음 속에 건립할 만다라는 이러한 것을 참고로 하면서도 제불이 모인 완전하고 청정한 궁전으로서 이 세상의 물질의 한계를 넘은 훌륭한 것으로 명상해야만 합니다.

그 바탕에서 수행자는 이 누각의 중심에 자기를 본존 아촉금강으로서 명비(明妃)인 촉금강녀(觸金剛女)를 안고 있는 모습으로 명상합니다.

그와 같이 남존과 여존이 안고 있는 존격을 「부모존」이라 하고, 최상승요가 탄트라의 특징적인 요소입니다. 그때 남존은 방편과 대락을 상징하고, 여존은 지혜와 공성을 상징하고 있습니다. 따라서 부모존이라는 존재는 방편과 지혜의 수행을 완성시켜 그 양쪽이 일체화한 부처님의 경지를 실현하는 것입니다.

이런 상태를 좀 더 최상승요가 탄트라다운 입장에서 말한다면, 구생의 대락으로 공성을 직감적으로 깨달아 광명과 환신을 완전히 양립하는 본존의 경지 그 자체라는 것입니다.

이 남녀의 본존 주위에는 동쪽에 대일여래, 남쪽에 보생여래, 서쪽에 아미타여래, 북쪽에 불공성취여래의 4불(四佛)을 관상[生起]합니다. 또한 동남쪽에 불안모(佛眼母), 남서쪽에 마마끼(麼麼只), 서북쪽에 백의모(白衣母), 북동쪽에 따라[多羅]의 4불모(四佛母)를 관상합니다.

그리고 색(色)금강녀 등의 4금강녀(四金剛女)와, 미륵보살 등의 8대보살 (八大菩薩)과, 항삼세명왕(降三世明王)5) 등의 10분노존(十忿怒尊)을 주위에 관상하여, 남녀 본존과 합해서 「32존의 만다라」를 완성시킵니다.

그 뒤에 본존 아촉금강인 자신은 다른 31존을 자신의 몸에 배치하는데, 예를 들면 「정수리에 대일여래, 목구멍에 아미타불」이라는 형식으로 배치합니다. 그렇게 하여 32존 모두와 일체화한 자신은 관상 속에서 죽음의 과정을 체험합니다. 이로써 드디어 「삼신수행」이 시작됩니다.

먼저 「색온을 상징하는 대일여래나 지계(地界)를 상징하는 불안모(佛眼母) 등의 제존이 광명으로 융해한다」고 생각하고, 「제1의 융해 단계」를 명상합니다. 같은 방법으로 「제7의 융해 단계」까지 명상하고 나서, 마지막에 남은 아촉금강인 자신도 광명으로 융해됩니다. 이것이 「제8의 융해 단계」, 즉 현명근득이 「정광명」에 융해하는 과정입니다.

그때 명상의 시각으로는 아무 것도 없는 청정한 허공 그 자체가 무한히 넓어집니다. 이 상태에 중관의 가르침에 근거한 바른 공성의 이해를 거듭 결합시키는 것이 대단히 중요한 포인트입니다. 그렇게 함으로써 공성을 직감적으로 깨닫는다고 강하게 마음속에 생각하고, 그런 공성을 직

---

5) 항삼세명왕(降三世明王) Trailokyavijaya, Vajrahūmkara(범어) 승삼세(勝三世), 음가라금강승삼세(勝三世), 음가라금강이라고도 함. 밀교의 5대명왕 중 하나. 동쪽에 배치함. 아촉불에 대응하는 분노존(忿怒尊). 3면8비(三面八臂)이며 발밑으로는 대자재천(大自在天, Maheśvara, 시바신)과 오마비(烏摩妃, Uma)를 짓밟는다.

감적으로 깨닫고 있는 자신의 마음, 공성과 일체화하는 가장 미세한 의식, 그 구생의 대락을 체험하는 것이 부처님의 법신이라고 자각합니다. 이것이 「삼신수행」의 제1단계인 「죽음의 법신」입니다.

그러나 이대로 법신의 상태에 머물러 있으면 다른 이를 구제할 수가 없습니다. 그러므로 "일체중생 모두를 구제하고 싶다"라는 의지를 원동력으로 눈으로 볼 수 있는 색신을 생기합니다. 그 방법을 「5현등각(五現等覺)」이라 하고 자신의 마음을 진여·월륜·종자·삼매야형·본존신(本尊身)의 순서로 전개하는 것입니다. 이것을 알기 쉽게 표현하면 다음과 같이 됩니다.

먼저 공성을 직감적으로 깨닫고 있는 자신의 마음 그 자체를 청정한 보름달로 현현시킵니다. 이 월륜 위에 물에서 거품을 내는 것처럼 본존의 몸과 말과 마음을 상징하는 옴·아·훔(OM·AH·HUM)의 세 글자를 나타냅니다. 그 세 글자를 변화시켜 본존의 상징인 금강저로 하고, 이러한 요건이 모두 갖추어졌을 때 - 번데기가 성숙하여 나비로 되는 것처럼 - 자신은 보신의 지금강불로서 모습을 나타내는 것입니다. 이것이 「삼신수행」의 제2단계인 「중유의 보신」입니다.

그러나 보신이라도 일반 사람들의 눈에는 보이지 않으므로 더욱 구체적인 모습의 응신으로 전개할 필요가 있습니다. 그 다음 단계로 한 걸음 내딛기 위해 이미 부처님의 경지를 얻고 있는 일체 여래들을 부모존의 형태로 불러 모십니다. 그러면 부모존의 흰 턱레와 붉은 턱레가 섞인 것이 아촉금강으로 현현합니다.

그때 이 아촉금강 속으로 - 마치 수정란에 중유가 들어가는 것처럼 - 보신인 자신이 날아 들어가서 응신의 금강살타로 새롭게 태어난다고, 가능하면 실감나게 관상합니다. 이것이 「삼신수행」의 제3의 단계인 「생유의 응신」으로, 「구히야사마자」 특유의 명상 전개입니다.

이렇게 하여 탄생한 금강살타인 자신을 이번에는 「구히야사마자32존 만다라」 그 자체로 자각하기 위해 몸의 각 부분에 32존을 관상합니다. 이것을 「신만다라(身曼茶羅)」라고 하는데, 신체·언어·마음을 정화하는 과정을 거쳐서 "나는 본존 그 자체다"라는 자각을 강화시켜 갑니다. 그 바탕에서 자신의 분신으로서 명비 촉금강녀를 나타내고 역시 32존의 신만다라로서 관상합니다.

그리고 나서 자신과 그 명비가 부모존의 존재로 교회하는 것처럼 생각하여 구생의 대락을 순수한 형태로 체험하는 것입니다. 이 구생의 대락으로서 공성을 직감적으로 깨닫는 그 경지를 「공락무차별(空樂無差別 ; 공성과 지복이 차별 없음)」이라 합니다. 이러한 최상승 요가 탄트라의 독특한 깨달음을 지금 자기 자신이 부모존이라는 존재로 체현하고 있다고 강하게 자각하는 것입니다.

5장에서 조금 설명한 것처럼, 구생의 대락은 아주 미세한 행복감이고,

우리들이 일상적으로 체험하는 여러 가지 「기분 좋다」라는 감각의 밑바닥에 있는 잠재의식입니다.

평범한 인간으로서의 합일은 매우 거친 차원의 쾌락으로 체험되는 것이고, 그것은 탐욕과 집착 등의 번뇌를 일으킵니다. 그런 경우 그 감각의 바탕에 있는 구생의 대락을 순순한 형태로 파악하는 것은 불가능하겠지요.

그러나 지금은 다릅니다. 이것은 본존으로서의 합일이고, 더욱이 어디까지나 명상 속에서의 이미지입니다. 그러므로 합일이 가져오는 감각을 탐욕이나 집착이라는 거친 쪽이 아니라 가능한 한 미세한 방향으로 유도하고, 오감의 식을 의지하는 잠재의식에 환원하여 구생의 대락으로 순화한다고 자각할 수가 있는 것입니다.

부모존의 합일 뒤에는 명비의 자궁 속에 32존을 관상하고, 그것들을 순차적으로 우주로 유출하여 일체 중생 모두를 대상으로 구제 활동을 실행시키고 만다라에 안주시킵니다. 이어서 「미세한 요가」의 명상으로 옮깁니다. 이것은 미간과 성기 선단, 즉 중앙 맥관의 위와 아래의 문에 미세한 금강저와 틱레를 시각화하는 것입니다. 그것을 우주 전체로 확산시키고 다시 원래의 상태로 거두어들이거나, 혹은 미세한 틱레 속에 만다라를 명확히 관상하고 그것에 의식을 집중합니다.

이러한 명상은 6장에서 설명한 원만차제의 최초 단계로 연결하는 매우 수준 높은 수행입니다. 그 구체적인 방법은 각 스승들의 구전에 따라 상당히 차이가 있습니다.

이들의 명상을 한 번 그대로 마쳤다면 32존의 진언을 염송합니다. 지금은 자기 자신이 본존이고 진언은 그 본존의 말씀입니다. 그러므로 진언을 외울 때는 "부처님의 응신인 자신이 일체 중생 모두를 인도하고 구제하기 위해 본존의 말씀으로 진리를 설하고 있다."라고 자각하면서 외우는 것이 중요합니다.

즉, 이러한 수행 중에 진언을 외우는 경우 "본존에게 나의 구원을 기대하며 기도한다"라는 일상적인 감각을 의식적으로 초월해야 합니다.

그리고 나서 여러 가지 공양을 올립니다. 이 공양은 스승이나 제불에게 올리는 것과 동시에 자기 자신도 본존의 입장에서 받습니다. 공양물 중에는 시각으로 향수하는 등불, 청각으로 향수하는 음악, 후각으로 향수하는 소향, 미각으로 향수하는 음식, 촉각으로 향수하는 세족수(洗足水), 마음으로 향수하는 도향 등이 있습니다.

이런 공양물들을 향수할 때 오감이나 마음의 만족감을 맛보지만, 이것도 - 탐욕이나 집착이라는 거친 방향이 아닌 - 될 수 있는 한 미세한 방향으로 유도하고 거친 행복감을 지탱하는 잠재의식으로 환원하여 구생의 대락으로 순화하는 것입니다.

오감에 마음을 더한 여섯 가지 지각기능(육근)으로 체험하는 만족감은 각각의 특색이 있고, 동일한 성질이 아닙니다. 그러나 각각을 미세화하여 다다르는 곳은 모두 구생의 대락입니다. 이 점을 잘 이용하면 비록 구생의 대락을 진정으로 체험하는 데는 이르지 못하더라도 여섯 가지 지각기능에서 출발한 미세화 되어 가는 것을 어느 정도 실감할 수 있습니다.

생기차제의 명상도 드디어 대단원의 막을 내리게 되었습니다.

밖으로 유출해 있던 제존과 누각은 자신의 신만다라로 거둬들입니다. 또한 일체 중생 모두를 관상 속에 불러서 정화하자 그들이 모두 지금강불이 되어서 우주에 편만했었는데, 그들도 모두 자신의 신(身)만다라로 거둬들입니다.

이렇게 하여 "이 우주, 이 만다라 세계 그 자체가 「나」다."라는 자각을 강하게 유지하고 생기차제의 명상을 마칩니다.

이러한 자각을 가지는 것은 처음에는 명상 속에서만 가능하겠지만, 점차로 일상생활에서도 유지할 수 있도록 노력해야 합니다.

그렇게 하면 예컨대 보통의 식사도 본존의 입장에서 공양물을 향수하는 것이 됩니다. 그렇게 하여 행주좌와의 일상생활 속에 본존으로서의 자각을 가지고, 「의식의 측면에서 먼저 삼신수행을 달성한다」는 것에 생기체제 수행의 목적이 있는 것입니다.

이상 「구히야사마자」 성자류의 구조를 따라서 최상승요가 탄트라 생기차제 수행을 살펴보았습니다.

실제의 전문적인 수행법에서는 「49진실」, 「3삼마지」, 「4요가」 등의 여러 단계가 복잡하게 설명되고, 그에 관해 여러 가지 상세한 논의가 있습니다.

여기에서의 설명은 생기차제 명상을 개괄적으로 살펴본 것에 지나지 않고, 더욱이 수행 내용 자체보다도, 오히려 이 수행의 근본정신을 설명하는데 중점을 두었습니다. 구체적인 내용에 대해서는 좀 더 상세하게 해설한 책이 몇 가지 있습니다.

아무튼 이러한 높은 단계(무상요가)의 밀교 수행을 책에만 의지해서 수행할 수는 없습니다. 그러므로 반드시 진정한 스승으로부터 관정과 구전 전수를 받은 뒤에, 「육좌구루요가(퇸둑)」를 전제로 하는 예비 수행을 매일 빼먹지 않고 부지런히 수행할 필요가 있습니다.

이런 요건을 갖추지 않고 최상승요가 탄트라 명상을 자기 마음대로 수행한다면, 그 노력은 결코 바른 결실을 맺을 수 없을 뿐만 아니라 대단한 악업을 짓게 되는 것이라고 위대한 스승들은 예나 지금이나 이구동성으로 엄격히 경계하고 있음을 염두에 두어야 합니다.

8. 진실한 밀교수행자로서 산다
  - 육좌(六座)구루요가

최상승요가 탄트라의 생기차제를 수행하기 위해서는 그 전제조건으로 먼저 보살계와 삼매야계⁶⁾를 엄격히 지키면서 밀교의 수행자로서 바른 생활을 하지 않으면 안 됩니다. 보살계는 대승불교의 공통적인 계율이고, 삼매야계는 밀교의 독특한 계율인데 모두 스승으로부터 관정을 받을 때

---

6) 삼매야계(三昧耶戒) : 삼마야계(三摩耶戒)·비밀삼매야계(祕密三昧耶戒)·불성삼매야계(佛性三昧耶戒)·비밀계(祕密戒)·삼세무장애지계(三世無障礙智戒)·무위계(無爲戒)라고도 한다. 이 계는 본유의 정보리심을 계체(戒體)로 하고 법계의 무량한 만덕을 행상(行相)으로 하는 비밀진언계이다. 이 계는 여래의 청정한 지혜를 성취하게 하는데, 삼세 제불이 이 계로 말미암아 보리를 증득하시기 때문에 삼세무장애지계라고도 한다. 이 계의 계상(戒相)에는 정법을 버리지 않는 것, 보리심을 여의지 않는 것, 일체법에 인색하지 않는 것, 중생을 해치는 행을 하지 않는 것 등의 네 가지 중금(重禁)이 있다. 이 계는 밀교 수행의 지침에 관계된 것이므로 진언행자는 반드시 수지해야 하는데, 만다라단에 들어가 관정을 받기 전에 먼저 이 계를 수계해야만 비로소 만다라단에 들어갈 수 있다고 한다.

받습니다. 그리고 이 보살계와 삼매야계를 날마다 마음으로 생각하면서 생활하기 위한 수행이 「육좌구루요가(퇸둑)」라는 명상입니다.

진정한 스승으로부터 최상승요가 탄트라 관정을 받고 보살계와 삼매야계를 바르게 지키고 있다면, 가령 그가 생기차제와 원만차제의 수행으로 나아가지 못하더라도, 16번 생을 바꾸는 사이(十六生)에 반드시 부처님의 경지를 얻을 수 있다고 밀교에서는 말하고 있습니다.

반대로 보살계와 삼매야계를 지키지 않으면, 아무리 생기차제나 원만차제의 수행에 힘쓰더라도 결코 바라는 성과는 얻을 수 없다고 합니다.

앞 장에서 개괄적으로 살펴본 것처럼 생기차제와 원만차제의 내용은 대단히 뛰어나고 심오한 것입니다. 그러나 그 뛰어난 것을 현실에 구체적으로 실현할 수 있는 기반은 바로 보살계와 삼매야계를 지키는 것에 있는 것입니다.

"스승으로부터 관정을 받고 최상승요가 탄트라를 수행하고 싶다"고 희망하는 한편, 직장이나 가정의 일, 학업 등으로 바빠서 불교 수행을 위해 많은 시간을 할애할 수 없는 분이 많으리라 생각합니다.

그런 분들이 지금 바로 생기차제나 원만차제를 본격적으로 수행하는 것은 시간적으로 거의 불가능합니다. 하지만 지금 설명한 것을 생각해 보면 그런 상황에 놓여 있더라도 관정을 받고 보살계와 삼매야계를 지키는 생활을 한다면 그 자체가 매우 의미 있는 것이 됩니다.

보살계와 삼매야계를 지키기 위해서는 「육좌구루요가」를 매일 두 차

례 빼먹지 않고 명상해야 합니다. 최상승요가 탄트라 관정을 받은 경우, 「육좌구루요가」를 매일 수행하는 것이 스승과의 약속입니다.

「육좌구루요가」 한 번에 소요되는 시간은 익숙해지면 10~15분 정도입니다. 즉 하루에 20~30분 정도의 시간을 명상을 위해 할애하고, 더욱이 실생활에서 보살계와 삼매야계를 바르게 지켜 가는 것이 가능하게 되면, 그때 「최상승요가 탄트라 수행자」가 될 훌륭한 자격이 있는 것입니다.

이 정도라면 사회인으로서의 역할을 완수하면서, 그와 더불어 수행하는 것이 결코 불가능하지 않습니다. 게다가 최상승요가 탄트라의 관정을 받을 기회까지 얻게 된다면, 「육좌구루요가」를 명상하는 티베트 밀교의 수행자가 될 가능성이 있겠지요.

저는 그것을 크게 기대하고 있고, 현대사회에서 매우 필요한 것이라고 진지하게 생각하고 있습니다. 그것은 2장에서 언급한 대로입니다. 이 「육좌구루요가」의 수행에는 이른바 「졸업」이라는 게 없습니다.

굳이 말한다면, 그 명상 내용에 완전히 익숙해져서 일상의 행주좌와의 모든 행동이 「육좌구루요가」의 내용 그 자체가 되는 경계에 다다르면 특별히 시간을 내어 명상할 필요는 없습니다.

그러나 그렇지 않다면 매일 2회의 「육좌구루요가」를 계속해야 하는 것입니다. 그러는 가운데 여유가 있으면 생기차제의 수행에 들어갈 수 있고, 여유가 없으면 들어가지 않아도 좋다고 합니다.

가령 지금은 바빠서 시간이 없지만 조금이라도 짬이 있을 때 조금씩 생기차제를 배워서 시험적으로 수행해 보는 것도 좋을지 모릅니다. 그렇게 해 두면 장래에 집중할 수 있는 시간이 있을 때 생기차제의 본격적인 수행에 자연스럽게 들어갈 수 있겠지요.

만약 일생에 그런 여유가 없다 하더라도, 보살계와 삼매야계를 지키고 있다면 아무 걱정이 없습니다. 요컨대 「어느 정도 수행할 수 있는가」하는 점은 사람에 따라 다르지만, 보살계와 삼매야계를 지켜야 하는 것과, 「육좌구루요가」가 가장 중요하다는 이 점은 모두에게 똑같은 것입니다.

그러면 실제의 「육좌구루요가」 내용을 살펴보고, 그 중에서 보살계와 삼매야계의 내용에 대해서 조금 살펴보겠습니다.

「육좌구루요가」 전반 부분에서는 「평범한 수행자」라는 입장에서 명상할 수 있습니다. 눈앞에 자신의 스승을 지금강불의 모습으로 떠올리고, 그 지금강불과 자기를 일체화시킴으로서 "나는 지금강불이다"라는 자각을 얻는 구조로 되어 있습니다. 이 점은 앞 장에서 소개한 생기차제의 명상과 조금 다릅니다.

생기차제 명상은, 처음에 「스승이 자신에게 융해되는 축복의 힘으로 자기 자신을 본존인 아촉금강불로 순간적으로 떠 올린다…」는 부분을 보고서, 「갑자기 "나 자신을 본존으로 한다"는 식으로는 명상하기 힘들다」라는 생각을 하는 분도 많으리라고 봅니다.

사실 그런 측면도 있기 때문에, 현실적으로 우리들이 자기 자신을 본존으로 명상하는 것은 실제 감각으로서는 대단히 어려운 일입니다. 그러나 「육좌구루요가」에서, 처음에는 평범한 인간의 상태에서 명상에 들어가고, 도중에 스승의 힘을 빌리면서 본존과의 일체화를 도모하는 그런 훈련을 일상적으로 쌓으면서 익숙해지게 되면 생기차제의 명상도 쉽게 되겠지요.

「육좌구루요가」에서는 먼저 눈앞의 허공에 자신의 스승을 쫑카빠 대사, 또는 석가모니 부처님의 모습으로 떠올리고, 그 주위에 여러 성자와 본존과 보살들이 모여 있는 모습을 시각화하고, 그들을 대상으로 귀의의 기도를 올립니다.

그리고 일체중생 모두의 행복을 원하고, 그러기 위해 나 자신이 부처님의 경지를 얻고자 하는 간절한 서원을 세웁니다. 그 바탕에서 내 앞에 나투신 스승과 성자들로부터 「보살계」를 받았다고 자각합니다.

이런 과정은 실제로 관정을 받을 때 스승으로부터 「보살계」를 받은 것의 이른바 추체험(追體驗)[7]입니다.

이어서 불성을 상기합니다.

「불성(여래장)」이란 부처님의 경지를 얻을 수 있는 가능성이고, 일체

---

[7] 추체험(追體驗): 남이 체험한 일을 마치 자기가 체험한 것처럼 느끼는 일.

중생 모두에게 갖춰져 있습니다. 즉 어떠한 중생도 어떠한 사람이라도 언젠가는 부처님이 될 수 있다는 것입니다.

그렇다고는 하지만 현실을 살펴보면, 대부분의 중생은 부처님의 가르침을 만날 인연이 없고, 또한 「부처님의 경지를 얻고자」 하는 의지를 가진 적도 없습니다. 그러나 자신은 이미 뜻을 세웠고, 그로 인해 「보살계」도 받고 그 결과 지금까지 잠자고 있던 불성이 이제 막 눈뜬 상태라고 강하게 생각하며, "장래에 반드시 부처님이 된다"라는 결의를 새롭게 하는 것입니다.

불성의 정체를 탐구해 보면 그것은 「마음의 공성」 입니다.

저처럼 평범한 인간의 마음은 업과 번뇌로 매우 오염되어 있습니다. 그러나 본래의 마음 그 자체에 그것을 「업과 번뇌로 오염된 것」으로 만드는 본질이 있는가 하면, 결코 그런 것은 없습니다.

그런 실체성을 철저하게 규명해 보아도 결국 어떤 것도 찾아볼 수 없기 때문입니다. 그런 본질이 마음 자체에 존재하지 않는다면, 「업과 번뇌로 오염된」 상황은 절대 불변의 상태는 아닙니다.

그러므로 불교의 가르침을 수행함으로써 마음을 무한히 향상시켜 가면 언젠가는 부처님의 경지를 얻을 수 있는 것입니다. 그런 마음의 공성을 명상하면서 눈앞에 시각화되어 있던 스승들을 자기 자신으로 거둬들이고, 그로 인해 자신의 모든 번뇌가 정화되었다고 생각합니다.

여기까지가 「육좌구루요가」의 준비 단계 명상입니다.

지금강불 부모존

이렇게 공성을 명상하는 상태에서, 눈앞의 허공에 연화·월륜·일륜을 겹친 보좌를 시각화하고, 그 위에 자신의 스승을 지금강불 부모존의 모습으로 현현시킵니다.

이와 같이 본존을 명상할 때 주의하지 않으면 안 되는 점이 몇 가지 있습니다. 먼저 본존의 모습을 시각의 의식[眼識]으로 보려고 하는 것이 아니라, 의식으로 상상하여 파악해야 한다는 점입니다. 즉 눈앞에 모셔져 있는 불상을 보는 것처럼, 명상할 대상을 눈으로 보려고 하는 것은 올바른 명상이 아닙니다.

스승들은 "명상할 때 눈을 완전히 감아서는 안 된다"고 주의합니다.

만약 명상해야 할 본존의 모습을 눈으로 보려고 하면 실제로 눈앞에 보이고 있는 다른 풍경이 들어오기 때문에 무심결에 눈을 감아 버리게 됩니다. 그러나 의식적으로 상상하고 파악한 것에 집중할 수 있으면 실제로 눈앞에 전개되어 있는 풍경에는 전혀 신경 쓰지 않게 됩니다.

비유하면, 대화에 몰두하고 있을 때 눈앞에 뭔가를 보고 있으면서도 전혀 자각하지 못하는 것과 비슷합니다.

의식이란 오감(五感)에 의지하지 않고 마음 그 자체에 의존하여 인식하는 것입니다. 거기에는 개념적 사고와 직감적 인식의 두 가지가 있습니다. 명상의 최초 단계에서는 개념적 사고를 섞으면서, 예를 들면 「몸의 색깔은 푸른색이고, 손에 금강저와 금강령을 가지고, 가슴 앞에서 두 손을 교차하고…」라는 식으로 상상하고 있습니다.

그러나 명상을 몇 번이고 반복하여 익숙해지는 정도가 높아지면, 점차 개념적인 사고가 사라지면서 직감적으로 인식할 수 있게 됩니다. 최종적으로는 한순간에 본존의 모습을 명확하게 현현시키고, 전체상이든 세세한 부분이든 직감적으로 파악할 수 있게 됩니다.

요컨대 "시각이 아니라 의식으로, 더욱이 점차로 직감적으로 …."라는 것이 첫 번째 포인트입니다.

두 번째 포인트는, "저쪽에서 나타나는 것이 아니라, 이쪽에서 저쪽에 둔다"라는 것입니다.

명상 중에 "나의 의사와는 관계없이 본존이 저쪽에서 홀연히 출현했다"라는 신비체험은, 어떤 표시나 징후로 받아들일 수 있는 경우도 드물게 있을 수 있겠지만 대부분의 경우, 수행자의 망집이 만들어 낸 환각에 지나지 않습니다.

그러므로 그런 현상을 수행의 바른 근거로 신뢰할 수는 없습니다. 또한 실제로 그런 환각이 나타나지 않더라도, 혹시 그렇게 되려나 하는 식으로 명상하는 것은 잘못된 방향으로 마음을 길들이는 것이므로, 아무리 수행하더라도 자신이 원하는 올바른 성과를 기대할 수 없습니다.

그런 돌연한 신비체험에 집착하지 말고, 미리 자신의 생각으로 '이런 식으로 명상하자'라고 계획을 세우고, 그에 따라 의식의 힘으로 본존의 모습을 인식 대상으로 하여 그것을 반복해서 명상하고 익숙하게 하는 것이 중요합니다.

신뢰할 수 없는 신비체험과 바른 명상의 성과를 구분할 기준은 무엇인가 하면, "그 명상에 충분히 익숙해졌을 때, 의식 그대로 같은 내용을 언제든지 재현시킬 수 있는가 없는가"라는 점입니다. 물론 처음에는 힘들겠지만, 진정으로 명상에 숙달된 밀교 수행자라면 복잡한 만다라를 어떤 크기라도 순간적으로 재현시킬 수 있다고 합니다.

「이쪽에서 저쪽에 둔다」라는 감각으로 명상하는 것에 익숙해지게 되면 자유롭게 재현할 수 있게 되는 것입니다.

세 번째 포인트는 본존의 몸에 대한 질감입니다.

우리는 불상이나 불화를 눈으로 보고 그것을 참고해서 본존의 몸을 의식으로 상상해 갑니다. 그때 불상이나 불화의 재질의 영향을 받아서 의식으로 상상하는 본존까지 도금한 입체나 종이의 평면처럼 시각화해 버리게 됩니다. 그러나 실제 본존의 몸은 미세한 풍을 모아서 성립한 것이고, 그 에너지가 빛으로 현현하고 있습니다. 그러므로 명상 대상인 본존도 빛으로 현현하는 몸으로 관상하는 것이 중요합니다.

그렇지만, 흐릿하거나 명료하지 않게 관상해서는 안 됩니다. 바로 눈앞에 정말로 앉아 계시는 것처럼, 손으로 만질 수 있을 것처럼, 아주 실감나고 명확하게 현현시켜야 합니다. 더욱이 그것을 인식하는 것은, 시각이나 촉각이 아니라 어디까지나 의식입니다. 이 점은 앞에서 말한 대로입니다.

애기가 좀 산만해졌습니다만, 다시 본래의 주제로 돌아가 봅시다.

눈앞의 허공에 자신의 스승을 지금강불 부모존의 모습으로 현현시킨다는 것까지 말씀드렸습니다. 그렇게 명상한 본존을 밀교 용어로 「삼매야존」이라 합니다.

그리고 다음에 이 삼매야존과 같은 모습의 「지혜존(智尊)」을 불러서 손으로 무드라(印)를 맺고 만트라를 외우면서 삼매야존과 일체화시킵니다.

이해를 쉽게 하기 위해 아주 간단한 비유를 들어 보겠습니다.

삼매야존은 마치 손으로 점토의 소상(塑像)을 만든 것처럼, 자신의 의식의 힘으로 본존의 모습을 만든 것입니다. 그리고 지혜존을 부른다는 것은 마치 불상을 조성한 뒤 점안식을 하는 것처럼 명상의 힘으로 본존의 모습과 지혜를 일체화시키는 것입니다. 그러나 사실은 삼매야존도 지혜를 가진 완전한 본존으로 명상해야 하고, 지혜존도 삼매야존과 같은 모습을 가지고 있는 것으로 관상해야 합니다.

지혜존을 부른다는 의미는 다음과 같이 생각할 수도 있습니다.

저처럼 낮은 차원의 수행자인 경우, 삼매야존이 진짜 본존이라는 것에 좀처럼 확고한 자신감을 가지지 못합니다. 그 때문에 본래 실재하는 본존에게 명상 중에 작용하여, 그 본존의 자비와 지혜의 힘으로 삼매야존이 실재하는 본존처럼 관상하게 합니다.

그러나 이것은 앞에서 부정한「자신의 의사와 무관하게 본존이 저쪽에서 홀연히 출현한다」라는 식의 체험이 아닙니다. 실재하는 본존의 자비와 지혜의 힘도 어디까지나 자신의 의식에서 느끼고, 그것을 삼매야존과 일체화시켜야 합니다. 대체로 부처님의 자비와 지혜의 힘은 모든 중생에게 평등하게 흘러 들어가 있습니다. 밀교 수행자에게만 자의적으로 홀연히 나타나서 특별히 구원해 주시는 것은 아닙니다.

그 평등하게 부여되고 있는 것을 우리 쪽에서 적극적으로 느끼고 수행으로 살려 나가지 않으면 안 되는 것입니다. 그것을 능숙하게 할 수 있는가 없는가 하는 것은 자신의 의식이 어느 정도 각성되어 있는가에 달려 있습니다.

그런데 지금「원래 실재하는 본존」이라 했는데, 지금강불이나「구히야사마자」의 아촉금강 등의 본존은 확실히 실재합니다. 그 확신이 없으면 밀교를 수행할 수가 없습니다. 그러면 어떻게 실재하는 것일까요?

이「육좌구루요가」의 경우도 그렇지만,「본존 지금강불」이란 자신의 스승입니다. 자신이 관정이나 전수를 받은 스승으로 실재하는 분입니다.

그리고 제자의 입장에서 그 스승은 응신의 부처님입니다. 이 점은 다음 장에서 좀 더 생각해 봅시다.

어쨌든 자신이 만난 스승이 응신의 부처님이라면, 그 스승은 법신과 보신도 동시에 갖추고 있는 것입니다. 이 점은 4장에서 설명했습니다.

그러므로 응신으로서의 스승이 실재하는 이상, 그 법신이나 보신도 반드시 실재하는 것이 됩니다. 그것을 전제로 지금강불은 스승의 보신, 아촉금강은 다른 모습의 응신으로 자리매김 되는 것입니다.

자신의 직접적인 스승과 마찬가지로, 옛날의 위대한 성자들, 예를 들면 쫑카빠 대사 등도 그런 존재로 활약하고 있고, 본래는 석가모니 부처님이 이러한 모습을 나타내 주신 것입니다.

석가모니 부처님이나 쫑카빠 대사는 확실히 실재하셨고, 그런 분들이 부처님의 경지를 얻지 못했다고는 절대로 말할 수 없을 것입니다. 실재하는 분이 부처님의 경지를 얻었다면 그 법신이나 보신, 더욱이 여러 가지 모습의 응신이 실재하는 것은 당연한 일이고, 이런 논리를 잘 이해할 수 있으면 밀교의 본존에 대한 신심도 확고하게 될 것입니다.

이런 점을 잘 이해하고 스승과 본존을 완전한 일심동체로 명상하는 것이 여기에서 가장 중요한 비결입니다.

지금강불이 실재하기 때문에 지금강불이 최고의 존재이고, 자신의 스승은 그보다 한 단계 낮다는 식으로 생각하는 것은 대단한 잘못입니다. 이런 생각으로 수행한다면 「육좌구루요가」는 물론 생기차제나 원만차제도 결코 성취할 수 없습니다. 또한 여기에서 「실재한다」라는 것은 이 순간 바로 여기에 필자인 제가 실재한다, 독자 한 사람 한 사람이 실재한다는 의미에서의 「실재」입니다.

저든 독자 여러분들이든 스승이든 「그것을 그것이도록 하는 본질」이라는 실체성을 철저하게 규명해 나가면 무엇 하나도 남지 않습니다. 이 점은 앞 장에서 설명했습니다. 즉 저도 독자 여러분도 스승도 모두 공입니다. 이와 마찬가지로 본존 지금강불은 실재하고, 그리고 공입니다.

"나는 공이고, 본존도 공이다"라는 인식은 밀교 수행의 뒷받침으로 매우 중요합니다.

눈앞의 스승을 지금강불 부모존의 모습으로 명상하고 지혜존과 일체화시켰으면, 이어서 기원과 공양을 올립니다. 그것을 반복해서 수행하고, 선한 생각의 힘이 충분히 축적되었을 때, 스승인 지금강불이 자신의 정수리로 내려와서 자신과 완전히 일체화한다고 관상합니다. 이때 반드시 공성을 명상하지 않으면 안 됩니다.

먼저, 정수리로 내려온 지금강불을 대상으로 하여 그 실체성을 규명하는 것에 마음을 집중시킵니다. 그렇게 하면 무엇 하나도 실체성을 찾아볼 수 없으므로 결국 허공과 같이 됩니다. 마찬가지로 자기 자신의 실체성을 규명해 보면 역시 무엇 하나도 찾아볼 수 없으므로 이것도 허공과 같이 됩니다.

그때 "허공과 허공은 무차별이다"라고 강하게 염하고, 허공과 같은 공에서 지금강불과 자신을 동일한 것으로 명상합니다.

또한 그렇게 명상하는 마음 자체도 역시 공이기 때문에 일체화(一體化) 되는 것인데, 이러한 체험이 바로 「구생의 대락」이며, 이것이야 말로 「본존의 법신」이라고 강하게 생각하는 것입니다. 이 상태에서 스승의 이끄심과, 그리고 앞에서 쌓아 온 선한 생각의 힘으로 자신을 법신에서 색신의 상태로 떠올립니다.

이때 색신의 모습을 한 자신은 앞에 스승을 지금강불 부모존으로 명상한 것과 완전히 같습니다. 왜냐하면 법신의 단계에서 자신과 지금강불은 일체화되어 있기 때문에, 거기에서 선한 힘으로 떠올린 색신은 필연적으로 지금강불 그 자체가 되는 것입니다.

이렇게 하여 스승의 도움을 빌리면서 「내가 지금강불이다」라는 자각을 익혀 가는 것이 「육좌구루요가」의 특색이라 할 수 있습니다.

앞 장에서 살펴 본 것처럼, 생기차제를 수행하여 의식(意識) 속에서 삼신수행을 성취할 수 있으면, 다음에 원만차제로 들어가서 그것을 현실로 실현해야 합니다. 마찬가지로 「육좌구루요가」를 통해 의식에서 지금강불의 자각을 얻을 수 있다면, 이어서 그것을 현실화하는 길을 생각해야 합니다.

「육좌구루요가」의 수행을 시작한 수행자에게 「지금강불로서의 자각을 현실화하는 길」이라면, 보살계와 삼매야계를 지키는 것이 첫째입니다.

그래서 「육좌구루요가」에는 후반부에 보살계와 삼매야계의 내용이 들어 있는 것입니다.

그때 「지금강불이다」라는 자각을 어느 정도 가지면서도, 현실의 자기 존재를 돌아보고 보살계와 삼매야계를 지키는 생활이 될 수 있는가 없는가를 확인할 필요가 있습니다. 계율에 위반되는 행위는 빨리 자각하고 참회의 명상으로 정화하는 것이 중요합니다.

먼저 보살계에서는 가장 중요한 항목이 두 가지 있습니다.

첫째는, "일체 중생 모두를 구제하기 위해 내가 부처님의 경지를 얻도록 하자"- 그것을 「보리심」이라고 합니다 - 라는 서원과, 수행을 수지하고 결코 저버려서는 안 된다는 점입니다.

예를 들면, 아주 나쁜 사람을 만났을 때, "이런 사람을 구제하기 위해서는 도저히 열심히 수행할 기분이 나지 않는다"라고 생각해 버리면 보리심을 버린 것이 됩니다. 지금은 어찌할 도리가 없으므로 그 사람을 멀리 떼어놓더라도 마음속으로 결코 버리지 않고, '악연도 하나의 인연이니까 미래에 내가 부처님이 되었을 때는 반드시 이 사람을 구원하자'라고 생각한다면 보리심을 버리지는 않게 됩니다.

둘째는, 모든 것의 인과관계, 선악의 구별, 부처님·가르침·성자들의 정당성에 대해서 올바른 견해를 확립하고, 사악하고 잘못된 생각을 지녀서는 안 된다는 점입니다. 다른 항목으로는,

자신에게는 관대하고 남에게는 엄하게 하는 것을 하지 않는 것,
보시를 아끼지 않는 것, 관용의 정신을 잃지 않는 것,
대승의 가르침을 버리지 않는 것,
부처님에게 공양한 것을 함부로 취하지 않는 것,
자신이 실제로 수행하지 않는 가르침도 존중하는 것,
출가자의 수행을 방해하지 않는 것,
부모의 살해 등 다섯 가지 중죄[五逆罪]를 범하지 않는 것,
환경을 파괴하지 않는 것,
마음이 미숙한 자에게 공성(空性)을 설하지 않는 것,
부처님의 경지를 목표로 수행하는 자의 의지를 좌절시키지 않는 것,
불교의 일반적인 계율도 버리지 않는 것,
낮은 단계의 수행자를 비하하지 않는 것,
자신의 공성에 대한 이해에 관해서 거짓을 말하지 않는 것,
가로챈 공양을 받지 않는 것,
나쁜 습관을 넓히지 않는 것 등이 있습니다.

다음에 삼매야계에 대해서는, 관정을 받지 않은 사람에게는 공개할 수 없다고 되어 있기 때문에 상세하게는 설명하지 않겠습니다.

가장 중요한 항목은, 무엇보다도 스승을 가장 중시하고, 결코 나쁘게 보아서는 안 된다는 것입니다. 그밖에 스승의 가르침을 존중하는 것, 함

께 관정을 받은 도반을 소중히 여기는 것, 모든 중생에게 자비심을 갖는 것, 보리심을 버리지 않는 것, 미숙한 사람에게 밀교의 비밀을 밝히지 않는 것, 자신의 몸과 마음을 소중히 하는 것, 공성에 대해서 잘 억념하여 명상하는 것, 수행의 도반이 되는 여성을 무시하지 않는 것 등이 주된 내용입니다.

이러한 일반적인 삼매야계 이외에 5불[5智如來]의 서원으로서의 삼매야계도 있는데, 이것은 「육좌구루요가」의 여러 부분에 분산되어 있습니다. 예를 들면, 처음에 귀의의 기도를 드리는 것은 대일여래의 삼매야계에 해당하는 것입니다. 그와 같이 보살계나 삼매야계 등의 내용을 기억하면서 그것을 바르게 지킬 결의를 새롭게 합니다. 그리고 마지막에 회향의 기도를 드리고 명상을 마칩니다.

「회향」이란 수행으로 생긴 공덕을, 자기 혼자서만 가지는 것이 아니라 일체 중생 모두와 공유하도록 기도하는 것입니다. 여러 가지 수행이나 선업을 쌓은 뒤에는 반드시 회향의 기도를 드리는 습관을 갖도록 하면 좋겠지요.

이러한 「육좌구루요가」의 명상을 날마다 빼먹지 않고 수행하는 것으로 보살계와 삼매야계에 더욱 익숙해지고, 명상 속에서 뿐만 아니라 일상생활 언제든지 진정한 밀교 수행자로서 생활할 수 있도록 해 나가는 것입니다.

티베트 불교도의 이상형은 "외적으로는 소승의 생활을 하고, 내면의 마음으로 대승의 가르침을 배우고, 비밀 방편으로 밀교 명상을 수행한다"라는 것입니다. 출가자라면 비구나 비구니로서 부처님 가르침을 유지해 가는 역할을 완수해야 합니다. 재가자라면 훌륭한 사회인으로서 출가자를 존경하면서 지원하려는 마음을 가져야 할 것입니다.

그러나 이런 것은 외면적인 역할 분담에 지나지 않습니다. 출가이든 재가이든 내면적인 마음으로는 자비·보리심·공성의 이해라는 대승불교의 핵심을 체득할 필요가 있습니다. 그리고 밀교는 가장 심원한 명상이기 때문에, 가능한 한 비밀리에 수행해야 할 것입니다.

그러므로 어떻게든 "나는 밀교 수행자입니다"라는 식으로 겉모양에 구애받거나, 또는 그런 언동을 함부로 해서는 진실한 밀교 수행자라고 하기 어렵습니다.

출가자라면 현교의 평범한 한 승려로서, 재가자라면 지극히 평범한 사회인으로 생활하면서, 실은 매우 뛰어난 밀교의 수행을 내면적으로 해 나가는 것이 티베트불교 겔룩파가 이상으로 하는 존재, 이른바 가장 세련된 밀교수행자상이라 할 수 있겠지요.

■ 菩薩戒에 대해서 좀 더 상세하게 알기 위해 권장하는 책
→ 《달라이·라마 瞑想入門》 게쉐·쏘남 監譯/ 鈴木樹代子 譯/ 春秋社 附錄3「菩薩戒」

9. 밀교수행의 열쇠는 스승의 가피[加持]
- 관정(灌頂)

5장부터 8장까지 설명한 최상승요가 탄트라 등의 밀교를 수행하기 위해서는 절대 빠뜨릴 수 없는 중요한 요소, 그것이 관정(灌頂)입니다.

7장 마지막에 조금 언급했는데, 만약 관정을 받지 않았다면 밀교를 수행하더라도 그 노력은 결코 결실을 맺지 못하고, 오히려 큰 악업을 쌓는 것이 된다고 합니다.

이 책에서는 티베트 불교의 수행 체계 전체를 훑어봄으로써, 살아 있는 가르침을 독자에게 전하고자 하는 의도에서 밀교의 훌륭함을 요점만 간추려서 소개해 왔습니다.

이것을 읽고 나서 '나도 밀교를 수행하고 싶다'라고 생각하게 된다면 대단히 훌륭한 일일 것입니다. 그러나 이때 반드시 지켜야 하는 것이 「관정을 받고 나서 수행에 들어가야 한다」라는 점입니다. 이것은 밀교 수행에서 누구라도 반드시 알고 지켜야 하는 철칙입니다.

관정에서는 밀교에 정통한 스승이 명상하는 방법을 제자에게 가르치면서 의식 중에 함께 명상을 수행합니다.

그 과정에서 제자의 평범한 인간으로서의 존재를 정화하여 본존으로서의 축복을 부여하고, 석가모니 부처님으로부터 면면히 이어온 법맥을 제자에게 전수하는 것입니다. 이것을 불교 용어로 「가피(加被; 加持)」라고 합니다.

가피가 실현되는 것은 주로 스승의 탁월한 명상의 힘에 의지합니다. 즉 관정 의식 중에 스승이 완전히 본존 그 자체가 되어, 그 본존으로서의 힘으로 제자에게 가피를 내리는 것입니다. 물론 제자 쪽에서도 동시에 진지하게 명상하는 것이 중요합니다. 그렇게 하여 스승과 제자 모두의 명상의 힘이 서로 호응하여 일상의 차원을 초월한 가피의 효력이 발휘되는 것입니다.

관정을 통해 스승의 가피를 받음으로써 제자는 밀교 수행을 할 수 있는 자격을 갖게 됩니다. 7장에서 언급한 것처럼 밀교의 수행은 「본존 요가」의 명상을 수행하는 것입니다.

평범한 인간인 자신이 본존의 입장에서 명상한다는 것은 상식적으로 생각하면 커다란 모순일 것입니다. 아무리 명상을 잘하더라도 결국은 단순한 공상에 지나지 않고, 더 나쁘게 말하면 환상에 자기만족 하는 것일

뿐이겠지요.

그러나 이미 본존 요가 명상에 숙달되어 있는 스승으로부터 가피를 받게 되면 우리와 같은 평범한 인간이라 하더라도 본존의 입장에서 명상하는 것이 가능하게 됩니다. 밀교를 수행하기 위해서 관정이 반드시 필요한 이유는 바로 여기에 있습니다.

여기에서 알 수 있는 것처럼 관정을 받으려 하는 경우 가장 중요한 과제는 진정한 스승을 선택하는 일입니다. 만약 바른 스승을 선택하지 못한다면 관정도, 「육좌구루요가」도, 생기차제나 원만차제도 어느 것 하나도 성립될 수 없습니다. 밀교에서는 그만큼 스승을 선택한다는 것이 중요한 것입니다.

진정한 스승의 조건을 검토해 본다면, 전통적으로 다음과 같습니다.

① 올바른 계율을 받아서 지키고 있을 것,
② 자신의 스승으로서의 사제 관계에 문제가 없을 것,
③ 구전과 비결을 전수 받고 있을 것,
④ 적어도 현세보다 내생을 위해 제자를 수행시킬 것.

또한 이에 더해 관정을 주기 위해 필요한 조건은

(1) 완전한 관정을 받아서 삼매야계를 지키고 있을 것,
(2) 수행면에 정통해서 관정 의식에 능숙할 것,
(3) 관정을 주기 전에 스스로 잘 수행하여 본존의 허가를 얻고 있을

것, 등이 있습니다.

　현실적으로 이러한 여러 가지 점을 모두 확인하는 것은 곤란할지도 모르지만, 티베트인들의 사회에서 널리 "이 스승이라면 문제가 없다"라고 하는 분이라면, 우선 별다른 문제는 없다고 생각합니다. 그러나 단순히 지위가 높다든가, 유명한 라마의 환생자라든가, 해외에서 널리 활약하고 있다는 등의 이유만으로 신뢰해 버리는 것은 너무 경솔한 태도입니다.

　또한 일반적으로, 스승의 조건을 충분히 갖추고 있는 분이라 하더라도 자신과의 성향이 맞지 않으면 안 됩니다. 이 점도 파악하기 어렵겠지만, 가능하면 관정을 받기 전에 그 분의 법문을 한 번 들어보는 것도 좋겠지요.

　이렇게 해서 스승을 선택하고 나서 제자의 입장에서는 - 개인적인 사제관계라는 구조 속에서 - 그 스승을 부처님 그 자체라는 믿음이 필요합니다.

　왜냐하면, 스승과 제자의 인연은 부처님의 가피로 맺어지기 때문입니다. 즉 무수한 부처님의 몸·말씀·마음이 모여서 스승 속에 들어가고, 스승의 활동을 통해서 자신에게 나타나는 것이므로, 부처님의 활동과 스승의 활동은 다르지 않은 것입니다.

　이 점은 스승의 실제 경지가 높지 않더라도 마찬가지이지만, 사실 스승의 실제의 경지는 제자가 쉽게 판단할 수 없습니다. 그러므로 아무리 평범해 보이는 스승이라도 "사실은 부처님의 응신이다…"라는 가능성은 결코 배제할 수 없습니다.

II. 밀교편

母탄트라의 차크라삼바라

"나의 악업과 번뇌가 깊다면 부처님의 응신을 만날 기회는 얻기 힘들므로 이런 나를 자비로 구원하기 위해 스승은 굳이 평범한 인간으로 처신하고 있다"라고 생각할 수도 있고, 그런 마음가짐으로 스승을 보는 것이야말로 관정의 진정한 의미를 드러내는 것입니다.

이러한 점을 이론적으로 바르게 알고, 그에 근거하여 신심을 깊게 해 가면 스승을 부처님으로 보고 귀의하는 것이 가능해집니다. 이렇게 스승을 모시는 전통은 인도불교와 티베트 불교의 긴 역사를 통해 확립되어 온 것이고, 옛 성자들의 경험에 의한 수행입니다.

이제는 최상승요가 탄트라 관정에 어떤 것이 있는지를 간단히 소개하겠습니다.

티베트 불교의 경우, 각각의 탄트라 본존마다 관정이 주어집니다. 6장에서 언급한 것처럼, 겔룩파에서는 「구히야사마자」를 밀교 수행 체계의 중심에 두고, 「차크라삼바라」로 보완하는 방식을 취하고 있습니다.

이 두 가지에 종조(宗祖)와 종문(宗門)의 수호존인 「야만타카」를 더하여 겔룩파 밀교의 「3대 본존」이라 합니다.

3대본존의 관정을 받는 순서는 가능하면 「야만타카」를 먼저 받는 것이 이상적이라 합니다. 왜냐하면 「야만타카」는 가장 강력한 분노존이고, 수행의 여러 가지 장애를 제거하는 힘이 있기 때문입니다. 또한 내용적으로도 최상승요가 탄트라 전체의 기본이 되는 성격을 가지고 있습니다.

그러므로 「야만타카」의 관정을 받고 「육좌구루요가」를 매일 명상하며 최상승요가 탄트라 수행자로서의 기초를 견고히 한 뒤에 모든 불법의 정점의 위치에 있는 「구히야사마자」, 그것을 보완하는 「차크라삼바라」의 관정을 순서대로 받는다면 정말 훌륭하다고 하겠습니다.

그러나 현실적으로는 이러한 3대본존의 관정을 받을 기회 자체가 드물기 때문에 너무 순서에 구애받지 않아도 됩니다.

또한 3대 본존 이외에 중요한 것으로는 「칼라차크라」의 관정이 유명합니다. 이것은 세계 평화의 기원이 포함되어 있고, 사회적인 의미가 짙은 가르침입니다. 이런 점을 고려하여 14대 달라이 라마 존자님은 세계 각지에서 「칼라차크라」의 관정을 주셨습니다.

그러나 「칼라차크라」는 다른 최상승요가 탄트라와 다른 요소가 많을 뿐 아니라, 만다라 제존의 숫자가 엄청나게 많고, 점성역법(占星曆法)과 티베트 의학과 관련된 교리 체계가 너무 복잡한 것 등, 개인이 수행하기

문수의 분노존 야만타카 父母尊

에는 적당하지 않는 면도 있습니다.

일찍이 티베트불교의 개혁과 정통성을 확립하신 쫑카빠 대사는 이런 점을 다 살펴보신 뒤, 「구히야사마자」를 중심으로 하는 3대 본존을 함께 수행하는 독자적인 체계를 확립하여 모든 밀교의 가장 심오한 수행으로 강조하고 계십니다.

아무튼 여기서는 최상승요가 탄트라 관정의 구성에 대해 **「야만타카13존」**을 예로 간략히 살펴보겠습니다. 하지만 관정의 내용에 대해서는 실제로 관정을 받은 사람 이외의 사람들에게 공개해서는 안 된다고 되어 있기 때문에, 상세하게는 설명하지 않겠습니다.

최상승요가 탄트라의 완전한 관정은 이틀 내지 사흘이 필요합니다. 먼저 최초의 포인트는 「내관정」8)입니다. 스승은 명상 중에 자기 자신을

---

8) 관정을 받기 전에 먼저 관상의 힘으로 내밀하게 법연을 지어가는 것.

본존 야만타카의 부모존으로 현현시킵니다. 제자도 「눈앞에 계신 스승이야말로 본존 야만타카이다」라고 강하게 믿고 명상합니다.

그때 스승의 가슴에서 광명을 놓아 제자를 이끌면, 제자는 스승의 입으로부터 체내로 들어가서 성기 부위의 차크라를 통하여 명비의 자궁에 이른다고 관상합니다.

일단 거기에서 공성의 상태가 되었기 때문에, 야만타카 부모존인 스승의 자식으로서, 즉 제자 자신도 야만타카의 모습을 얻어 재생하는 것입니다. 이러한 과정을 스승과 제자 쌍방이 동시에 관상함으로써 가지(加持)의 효과가 발휘됩니다.

다음에 "야만타카의 관정을 꼭 받고 싶다"라고 제자가 진지하게 염원하고, 스승은 자비로 그것을 받아들입니다. 이어서 보살계의 수여, 몸·말·마음 삼문의 가피, 치목에 의한 점(占) 등의 순서가 있고, 관정 받는 첫날밤의 꿈의 내용으로 수행과 성취의 방향을 예견하게 됩니다.

이튿날은 보살계와 함께 삼매야계도 수여합니다. 이어서 스승의 마음에 존재하는 보리심과 공성의 이해 모두를 그대로 제자의 마음에도 생겨나게 합니다. 그때도 스승과 제자가 월륜과 금강저 등을 동시에 관상하는 것으로 가지의 힘이 발휘되는 것입니다.

다음에 스승은 삼매야계를 지키도록 주의를 주면서 제자를 만다라 속으로 안내하고, 만다라단의 오른쪽으로 돌면서 예배하도록 시킵니다. 그런 뒤에 제자의 본존을 정하는 「투화득불(投花得佛)」9)을 하게 됩니다.

제자는 실제로 만다라 앞으로 나아가서 스승의 가르침에 따라 만트라를 외우면서 작은 꽃잎을 만다라 위에 떨어뜨립니다. 그 꽃잎이 떨어진 위치에 따라 - 예를 들면, 중앙이라면 아촉여래, 동쪽이라면 대일여래 … 라는 식으로 - 자신과 인연이 깊은 부처님을 알게 된다고 합니다.

그런데 이제부터가 드디어 핵심이 되는 「네 가지 관정」입니다.

최상승요가 탄트라의 완전한 관정은, 보병 관정·비밀 관정·반야지 관정·제4 관정이라는 네 가지 관정을 갖추고 있습니다.

첫째의 **「보병관정(寶甁灌頂)」**은 「명지관정」과 「금강아사리관정」으로 나눌 수 있습니다.

「명지관정」은 ① 물 ② 보배관 ③ 금강저 ④ 금강령 ⑤ 금강이름이라는 다섯 관정으로 구성되어 있습니다. 이들은 아촉·보생·아미타·불공성취·대일의 5불의 관정을 순서대로 준다는 의미이고, 스승과 제자가 동시에 관상하는 내용은 앞에서 소개한 내관정의 응용입니다. 만약 전체의 관정에 3일이 소요될 경우는 여기까지를 이틀째에 행하는 것이 일반적입니다.

---

9) 투화득불: 바닥에 펼쳐진 만다라 앞에서 제자는 눈을 가린 상태에서 만트라를 외우며 무드라를 맺은 손에 있는 꽃을 만다라 위에 던지게 되는데, 그때 꽃이 떨어진 곳에 의해 그 제자의 본존을 알 수 있는 의식이다.

다음의 「금강아사리관정」에는 밀교의 스승으로서 필요한 모든 법구를 주고, 또한 야만타카 부모존의 진언 전수 등도 행해집니다. 이 금강아사리관정을 받는 것으로 장래에 필요한 수행을 끝냈을 때, 제자 자신이 밀교의 스승으로서 활약할 수 있고, 그 씨앗이 싹튼 것이 됩니다. 금강아사리관정 마지막에는 스승이 석가모니 부처님의 모습으로 보좌 위에 서서 제자가 반드시 부처님의 경지를 얻으리라는 수기(授記)를 내립니다.

네 가지 관정 중에 높은 단계의 비밀·반야지·제4라는 세 가지 관정은 최상승요가 탄트라에만 있는 독특한 것이고, 중기 밀교(특히 일본밀교) 등 한역권에 전해진 것과 유사한 요소는 거의 없습니다.

이 세 가지 관정은 아주 심오한 내용이고, 또한 오해를 불러일으키기 쉬운 부분도 있습니다. 여기에서는 구체적인 내용을 소개하는 대신 그 의미를 간단히 정리해 두겠습니다.

이 세 가지 관정은 7장에서 설명한 낙공무차별, 즉 최상승요가 탄트라의 깨달음의 경지를 얻기 위한 것입니다.

먼저 「비밀관정」에서는 스승이 체험하는 낙공무차별의 경지를 제자도 함께 체험하도록 하기 위해 그 소지를 심어 줍니다.

다음에 「반야지관정」에서는 스승의 지도를 받으면서 제자가 명상하여 자기 자신이 낙공무차별의 경지를 체험합니다.

그리고 「제4관정」에서는 스승이 낙공무차별의 진리를 말로써 설명하며, 제자가 생기차제와 원만차제의 수행을 통하여 그것을 진정으로 체득할 수 있도록 이끌어 주는 것입니다.

이상, 「야만타카13존」을 중심으로 최상승요가 탄트라 관정의 내용을 간략히 살펴보았습니다. 이 기본적인 방식은 「구히야사마자」나 「차크라삼바라」의 경우도 거의 같습니다.

이러한 관정은 앞에서도 언급한 대로, 각각의 본존마다 받을 필요가 있습니다. 그 뿐만 아니라 같은 본존의 관정에서도 가능하면 몇 번이라도 받는 것이 바람직하다고 생각합니다.

지금 간략히 살펴 본 것처럼, 관정이란 스승과 제자가 함께 명상하여 훌륭한 가지의 힘을 실현하도록 하는 것입니다. 물론 그것은 밀교의 모든 것을 잘 알고 있는 스승이 지도해 주는 것이므로 초심자의 제자도 - 가령 스스로 관상이 잘되지 않더라도 - 큰 배를 탄 것처럼 안심하고 참가할 수 있습니다.

그러나 처음 관정을 받고 나서 「육좌구루요가」를 수행한 뒤에 다시 같은 관정을 받게 되면, 먼저보다 훨씬 명상이 잘되기도 하고 그렇게 하면 한층 더 강력한 가지를 얻을 수 있겠지요.

저 자신을 예로 들면, 「야만타카」관정을 일곱 번 받았습니다만, 그때마다 새롭게 얻은 것이 있음을 실감하고 있습니다.

또한 관정 중에 보살계나 삼매야계를 받은 뒤, 근본죄를 범하게 되면 초심 수행자의 경우에는 다시 관정을 받으면서 수계를 하는 것 이외에는 그 죄를 정화하는 방법이 없다고 합니다. 이런 점에서도 기회가 있으면 관정을 반복해서 받는 것이 바람직하다고 하는 것입니다. 그러나 그렇다고 관정을 무턱대고 아무 관정이나 받는다는 것은 매우 문제가 많습니다.

관정을 받으려 할 때는 적어도 다음 두 가지 점을 먼저 확인해 두어야 합니다.

첫째는, 그 스승을 진정으로 신뢰할 수 있는가 하는 점입니다. 이 점은 앞에서 설명했습니다. 물론 자신이 신뢰하는 스승에게서 다시 관정을 받는 경우는 전혀 문제가 없습니다.

둘째는, 관정을 받은 뒤에 스승과의 서약으로서 어떤 수행을 수행할 수 있는가 없는가 하는 점입니다. 겔룩파 밀교의 3대 본존에 관한 관정을 받은 경우, 「육좌구루요가」를 매일 두 번 명상하고, 또한 「믹제마」라는 쫑카빠 대사의 짧은 예찬게[10]를 매일 108번 외우는 정도가 가장 표준적이라고 생각합니다.

---

10) 믹메 쩨외 델첸 쩬레식, 디메 켄빼 왕뽀 잠빼양, 뒤뿡 말뤼 쫌제 상위닥,
　　강첸 케빼 쭉겐 쫑카빠, 롭상 닥빼 샵라 쏠와뎁.
　　(눈의 나라에 있는 학자들의 왕관이신 쫑카빠 존자시여! /
　　당신은 보이지 않는 자비의 보물 관세음이시고 /
　　물없는 수승한 지혜의 문수사리이시며 /
　　마라의 무리를 파괴하는 바즈라파니 금강수이시나이다 /
　　롭상닥빠 당신께 간청하오니, 제게 가피를 내려 주소서.) - 역자 註

「육좌구루요가」에 대해서는 앞 장에서 언급한 대로이고, 익숙한 사람은 한 번에 10~15분 정도 소요됩니다.

「믹제마」 108번은 10분 정도 걸리는데 이것은 몇 번이라도 나누어 할 수 있고, 어디서든지 소리를 내면서 염해도 좋을 것입니다.

만약 이렇게 한다면 3대 본존 중 하나의 관정을 받았을 때 수행을 시작하고, 뒤에 다른 본존의 관정을 받더라도 수행해야 할 내용이 늘어나는 것은 아닙니다. 다만 스승에 따라 본존의 진언 염송이나 혹은 생기차제의 짧은 명상을 하도록 하는 경우도 있습니다. 관정을 받은 본존의 종류가 많으면 수행해야 할 내용도 늘어나게 됩니다.

관정을 받고나서 스승과의 서약을 깨뜨리는 것은 아주 좋지 않은 것입니다. 그러므로 수행해야 할 내용이 자신에게 있어서 진정으로 수행 가능한가 어떤가를 진지하게 고려할 필요가 있습니다.

3대본존 중 하나의 관정을 받고 「육좌구루요가」 등을 게으름 없이 수행한 뒤에 그 본존의 본격적인 수행에 들어가고 싶은 경우는 스승으로부터 생기차제의 명상 순서를 모은 「성취법」, 혹은 그 주석 등을 구전(롱)으로 전수받아야 합니다.

스승으로부터 구전이라는 형식으로 면면히 전승되어 온 대로 스승이 직접 전문을 다 읽어주며 제자가 자신의 귀로 듣도록 하는 것입니다.

또 하나는 「타」라고 하는데, 「성취법」이나 주석의 구체적인 내용을 스승이 자세하게 해설해 주는 것입니다.

관정과 구전(룽)과 설명(타-)까지 모두 받는 것이 이상적인 것인데, 최상승요가 탄트라와 같은 고도의 수행을 시작하고자 할 경우는 적어도 「타-」를 받고나서 수행에 들어가는 것이 좋다고 생각합니다.

5장에서 여기까지 최상승요가 탄트라 중심으로 겔룩파 밀교의 수행체계를 살펴보았습니다. 최상승요가 탄트라 이외의 밀교에 대해서는 지면 관계상 거의 언급하지 않았습니다.

"최상승요가 탄트라 관정을 받기 위해서는 가능한 한 먼저 하위탄트라(所作·行·요가 탄트라)의 관정을 받는 것이 바람직하다"라는 견해도 있는데, 반드시 필요한 것은 아닌 것 같습니다. 그것보다도 대승불교와 불교의 일반적인 가르침에 대해 잘 배우고, 수행 경험을 쌓아 두는 쪽이 훨씬 중요한 요소입니다.

다음 장 이하에서는 이러한 점에 대해서 순서대로 정리해 보겠습니다.

■ ① 9장의 내용을 비롯해 티베트 밀교 전반에 대해 간결하게 배우기 위해 권장하는 책
→《수행·티베트 佛敎入門》꾼촉쏘남, 제등보고/ 春秋社의 5장「티베트밀교개관」.
■ ② 스승을 선택하는 방법에 대해서 더욱 상세하게 알기 위해 권장하는 책
→《티베트 密敎의 瞑想法》게세 쏘남갈첸/ 金花舍의 5장「구루요가에서 스승의 중요성」

III. 대승불교편

10. 「색즉시공」이란
- 공성(空性)과 연기(緣起)의 이해

앞 장에서 간략히 살펴 본 것처럼, 밀교를 수행하기 위해서는 먼저 진정한 스승으로부터 관정을 받아야 합니다. 그 관정을 받는 것도 누구나 받을 수 있는 것이 아닙니다. 특히 최상승요가 탄트라처럼 높은 단계의 수행일 경우, 관정을 받으려는 제자의 자격을 엄밀히 음미할 필요가 있습니다.

관정을 받기 위해 제자 쪽에서 갖추어야 할 조건은 대체 어떤 것일까요? 먼저 밀교 수행을 진정으로 유효하게 하는 이론적인 바탕으로서 불교의 궁극적인 진리인 공성에 대한 바른 이해[正見]가 필요합니다.

그와 동시에 일체 중생 모두의 고통을 생각하고 그들을 온전히 구제하기 위해서는 자기 자신이 부처님의 경지를 얻어야한다는 동기[보리심]가 빠질 수 없습니다. 이 보리심에 대해서는 12장에서 설명하겠습니다.

그런 바른 동기를 일으키기 위해서는 윤회하는 존재의 고통을 인식하고, 그 윤회의 고통에서 벗어나고자 강하게 바라는 마음가짐(출리심)이 필요합니다. 이에 대해서는 14장에서 설명하겠습니다.

더욱이 그 모두의 대전제로서 스승과 본존에 대한 신심과 귀의가 있어야 합니다. 이에 대해서는 16장에서 설명합니다.

본 장에서는 앞에 든 조건, 즉 공성의 이해에 대해서 간략히 해설해 보겠습니다. 예를 들면, 앞 장에서 소개한 「야만타카13존」의 관정을 받으려고 할 때 맨 먼저 하는 「내관정(內灌頂)」의 과정을 기억해 주십시오.

「제자는 스승의 입으로 해서 체내에 들어가고, 명비(明妃)의 자궁에서 공성의 상태로 되고나서 야만타카의 모습을 얻어 재생한다…」 이러한 관상을 우리들은 관정을 받는 그 자리에서 민첩하게 전개하지 않으면 안 됩니다.

그러기 위해서는 「공성의 상태」란 무엇인가를 미리 잘 숙지해 둘 필요가 있습니다. 단지 명상의 관상력으로 「지금까지 전개해 온 존재가 소멸한다」라고 이미지로 하는 것만으로는 불충분합니다. 이런 상황은 하나의 관정의식 중에 여러 번 나오고 있습니다.

또한 관정을 받고 나서 수행해야 할 수행에서도 마찬가지라 할 수 있습니다. 예를 들면, 「육좌구루요가」에서 지금강불과 자신을 일체화시킬 때, 생기차제에서 「죽음의 법신」을 명상할 때, 원만차제에서 광명을 달성할 때 등, 각 수행의 핵심이 되는 부분에서는 반드시 올바른 공성의 이해가 필요합니다.

그러면 「공성」이란 무엇일까요?

불교 학파에 따라 여러 가지 해설이 있습니다. 여기서는 복잡한 논의는 모두 생략하고 티베트 불교 전통교학의 최종 결론인 중관귀류논증파의 입장에서 설명하겠습니다.

간단히 말하면, **공성**이란 모든 존재(일체법)에 실체성이 전혀 없다는 것입니다. 예를 들면, 지금 읽고 있는 이 책에든 독자 자신에게든 어떠한 실체도 없습니다. 물론 저 자신도 실체는 전혀 없습니다.

그렇다면 "실체가 없기 때문에 그 자체는 존재하지 않는 것인가"하면 결코 그런 것은 아닙니다. 이 책은 현재 존재하고 있고, 저도 존재하고 있습니다. 독자들도 "자신이 존재하지 않는다"고는 말할 수 없겠지요.

그와 같이 실체성이 결여된 상태에서 존재하는 것을 「단순한 존재」라든가 「단순한 나」라고 합니다. 이 점은 3장에서도 조금 언급했습니다. 「단순한 존재」로서 존재한다는 것은, 여러 가지 속성을 가지고 있다는 것이고, 다른 존재와 영향을 주고받고 있다는 것입니다.

예를 들면, 이 책에는 색채나 형상이나 내용에 관한 여러 가지 속성이 있고, 지금 이 책을 읽고 있는 것 자체가 이 책의 어떤 작용으로 자리매김 되어 있는 것입니다.

중관귀류논증파의 특색은, 실체성의 부정과 「단순한 존재」의 긍정을 명확히 구별하여 양쪽 모두 철저하게 규명한다는 점입니다. 아무리 미세한 것이라도 그 실체성은 완전히 부정됩니다. 만약 조금이라도 남아 있다면 공성의 이해는 불완전한 것이 되고, 깨달음을 얻을 수가 없습니다.

반대로 「단순한 존재」를 부정해 버리면 허무론에 빠진다든가, 깨달음을 얻지 못하든가, 대단한 악업을 쌓는 결과가 될지도 모릅니다. 철학적인 허무론이 발전되면 사물의 영향과 인과 관계를 부정하게 되고, 선악의 구별을 부정하기까지 하게 되기 때문입니다.

실체성의 부정과 「단순한 존재」의 긍정을 좀 더 구체적으로 검토해 봅시다. 예를 들면, '이 책 자체에 이 책을 이 책이게 하는 본질적인 것이 있다'라는 생각이 조금이라도 있다면 실체성의 부정은 아직 불충분합니다. 반대로 "이 책은 존재하고 있고, 영향도 있다"라고 자신 있게 말할 수 없으면 「단순한 존재」를 정확히 긍정할 수 없게 됩니다.

이 책에는 실체가 전혀 없다는 것을 《반야심경》에서는 「색즉시공」이라고 표현하고 있습니다. 「색」이란 물질적인 것 모두를 가리키므로, 이 책도 그 속에 포함됩니다. 또한 실체성이 결여된 이 책이 「단순한 존재」로서 확실히 존재한다는 것을 「공즉시색」이라고 표현하는 것입니다.

부정해야 할 것과 긍정해야 할 것을 명확하게 나누고, 부정해야 할 것을 실체시하는 오류와, 긍정해야 할 것을 부정해 버리는 허무론이라는 이 두 가지 오류를 완전히 배제한 것이 「중도」입니다.

즉 진정한 중도란 결코 어중간하고 애매한 상태를 말하는 것이 아닙니다. 예를 들면, "이 책에는 실체는 거의 없지만, 다소간은 있다"라든가, "이 책은 있다고도 할 수 없고 없다고도 할 수 없다"라는 식으로 부정해야 할 것과 긍정해야 할 것을 구별하지 않고, 애매하게 설정해 버리는 것을 가리켜 쫑카빠 대사는 "모순만 말하고 중관의 의미는 조금도 말하고 있지 않다"라고 엄하게 비판하고 있습니다.

불교에서 우리가 소중히 해야 하는 모든 것은 이 중도라는 존재감을 가지고 성립해 있습니다. 예를 들면, 귀의의 대상인 스승이나 본존, 자비의 대상인 일체 중생 모두…. 그 어느 것도 "실체가 있는가"하면 전혀 그렇지 않습니다. 그렇다고 해서 "그것이 존재하지 않는가"하면, 그것은 확실히 존재하고 있습니다.

불교를 공부하고 실천하는 수행자는, 이 중도의 존재감을 철학적인 의미로 만족해야 합니다. 즉 아무리 소중한 스승이나 본존, 혹은 일체 중생 모두 실체로서 존재하는 것은 아무 것도 없습니다. 그러나 그것은 확실히 존재하고 있기 때문에, 스승과 본존에게는 깊은 마음으로 귀의해야 하고, 일체중생 모두에게는 깊은 자비를 베풀어야 하는 것입니다.

이 점을 이해하지 못하면 공성과 자비를 모순되는 관계로 인식하고 "일체 중생 모두는 공이고 실체가 없는 것이므로 그들에 대해 자비를 일으키는 것은 무의미하다"라는 중대한 오류에 빠지게 됩니다.

그러면 부정해야 할 실체성이란 어떤 것일까요?

여기에도 거친 차원에서 미세한 차원까지 여러 가지가 있습니다. 불교 이외의 많은 종교에서 주장하는 창조신이라든가, 바라문교나 힌두교의 철학에서 각 개인의 인격 위에 설정하는 진아(眞我; 아트만) 등은 가장 거친 실체성의 예입니다. 그런 거친 실체성은 불교 철학의 모든 학파가 부정하고 있습니다.

우주를 창조한 신의 존재, 혹은 창조된 인간에 깃들어 있는 영원불변의 본질 등, 그런 거친 실체성을 모두 부정하는 것이 불교 철학 사상의 커다란 특색입니다. 다시 말하면, 그런 것을 인정한다면 이미 불교사상이라고 할 수 없게 됩니다.

밀교의 본존인 지금강불이나 대일여래 등을 창조신인 것처럼 보기도 하는데, 적어도 티베트 불교의 전통 교학에서라면 그것은 완전히 잘못된 생각입니다. 이 점은 4장의 설명에서도 분명해졌겠지요.

이와 같이 거친 실체성의 부정에 관해서는 불교 철학의 전 학파가 일치하고 있습니다. 그러나 가장 미세한 실체성까지 완전히 부정하는 것은 중관귀류논증파밖에 없습니다.

중관귀류논증파가 가장 역점을 두고 부정하는 것은 불교 용어로 「자성(自性)」이라든가 「자상(自相)」으로 표현되고 있는 미세한 실체성입니다.

저처럼 평범한 사람들은 예를 들면, "이 책 그 자체에 이 책을 이 책이게 하는 본질적인 것이 있다"라고 자연스럽게 믿고 있습니다. 그것은 「이 책」이 그렇게 보이기 때문에 어쩌면 당연한 현상일 것입니다.

어떤 종교나 철학 사상을 바탕으로 특별한 실체성을 구축하는 것이 아니라 타고난 습관으로 자연히 실체시해 버리는 것입니다. 그와 같이 실체시하는, 그 생각이 향해 있는 대상의 「그 자체에 있는, 그것을 그것이게 하는 본질적인 것」이 「자성」이고, 「자상」입니다.

앞에 「이 책은 확실히 존재한다」라고 했는데, 그러나 「이 책의 자성」은 전혀 존재하지 않습니다. 즉 「이 책」은 긍정해야 할 「단순한 존재」, 「이 책의 자성」은 부정해야 할 실체성입니다.

그리고 사실은 전혀 존재하지 않는 자성이나 자상을 「존재한다」라고 잘못 파악하는, 그 실체시하는 의식을 「아집」이라 합니다. 이 점은 5장에서 조금 언급했습니다. 또한 실체성의 부정, 즉 "자성이나 자상은 전혀 존재하지 않는다"라고 하는 진리가 「공성」이고, 그것은 「무자성」이나 「무아」로도 표현됩니다.

그때 「X의 실체가 없다」라는 그 X가 인간이나 중생에 있어서라면 「인무아(人無我)」이고, 그 이외의 모든 존재에 있어서라면 「법무아(法無我)」라고 합니다. 예를 들면, 저나 독자의 실체성의 부정은 인무아이고, 저의 몸이나 마음, 혹은 이 책의 실체성의 부정은 법무아입니다.

다음은 「실체성이 전혀 없다」라고 판단할 수 있는 이유를 생각해 봅시다.

이것은 긍정해야 할 존재를 분석하는 것에서, 반대로 도출해 낸 것입니다. 긍정해야 할 「단순한 존재」는 다른 무엇인가에 의존하는 형식으로 성립해 있습니다. 그것을 불교 용어로 「연기(緣起)」라고 합니다.

연기와 공성은 동전의 앞뒤와 같은 관계입니다. 연기로서 성립해 있는 것이라면 실체성은 전혀 없는 것이고, 실체성을 결여한 「단순한 존재」는 연기로 성립할 수밖에 없습니다.

반대로, 진정한 실체가 있다면 다른 것에 의존하지 않고 독립해서 존재합니다. 만약 이 책 자체에 「이 책을 이 책이게 하는 본질적인 것」이 있다면, 그 본질 이외의 어떤 것에 의존하지 않아도 이 책은 이 책으로 성립할 수 있을 것입니다. 하지만 실제로는 그렇게 될 수는 없습니다.

「다른 어떤 것에 의존한다」는 것은 세 가지 의미로 이해할 수 있습니다.

첫째는, 원인이나 조건에 의존하는 것입니다.

예를 들면, 이 책은 물질적인 원재료인 종이나 잉크가 없으면 존재할 수 없고, 편집이나 장정, 혹은 인쇄나 제본하는 사람들의 노력이 없으면 존재할 수 없습니다. 물론 저자도 필요합니다. 즉 이런 모든 것이 「이 책」이라는 존재를 형성하는 원인과 조건입니다.

그러면 그 원인과 조건 중 어느 하나가 이 책의 실체인가 하면 그렇지 않습니다. 예를 들면, 저자인 저 한 사람이 아무리 애써도 이 책이 성립할 수 없다는 것은 분명하겠지요. 즉 종이나 잉크에서 저자에 이르기까지 지금 예를 든 원인이나 조건 하나 하나는 「이 책을 이 책이게 하는 본질적인 것」이라고는 할 수 없지만, 그런 것이 모두 갖추어졌을 때 이 책은 확실하게 성립하는 것입니다.

둘째는, 부분에 의존한다는 의미입니다.

「이 책」이라는 존재는 표지, 각 장, 각 페이지라는 부분이 없으면 성립할 수 없습니다. "표지쯤이야 없어도 좋다"고 생각할지 모르지만, 서점에 진열할 때 이것이 가장 중요한 요소입니다. 그러면 그 부분 중 어느 하나가 이 책의 실체인가 하면 그런 것도 아닙니다.

예를 들면, 이 10장이 중요하다 하더라도, 단독으로 이 책이 성립되는 것이 아님은 분명하겠지요? 즉 이 책의 어느 한 부분도 「이 책을 이 책이게 하는 본질적인 것」이라고는 할 수 없지만, 그러나 그것들이 모두 갖추어졌을 때 이 책은 분명하게 성립하는 것입니다.

셋째는, 「개념과 결합하여 가정으로 설정하는 것」에 의존한다는 의미입니다.

이것은 좀 이해하기 어렵습니다. 이 책이 원인이나 조건, 혹은 부분에 의존하고 있다고 하는 것은 확실히 그렇겠지요? 그러나 이 책이 「이런 것이다」라는 식으로 성립하는 것은 - 독자를 비롯해 - 이 책을 가진 사람들이 그렇게 인식함으로써 비로소 현실화되는 것입니다.

즉, 이 책을 가지고 있는 사람은 이 책의 여러 가지 속성을 알고, 그 정보를 자신이 가지고 있는 개념과 결부시켜 그 결과 「이것은 이러한 것이다」라고 인식하게 됩니다.

그 인식은 개인마다 미묘한 차이가 있지만, "티베트 불교에 대해 설명한 책이다"하는 정도의 큰 틀에서는 일치합니다. 어떻게 해서 일치하는가 하면 각자가 거의 같은 문화를 공유하고 같은 기초 교육을 받아서 개념의 폭이 대체로 일치하기 때문입니다.

이 책이 대부분의 사람들에게 어느 정도 공통적으로 "이러한 것이다"라고 인식되는 것은 이 책 자체에 「이 책을 이 책이게 하는 본질적인 것」이 있기 때문이 아니라 세간의 상식이 어느 정도 공통적으로 인식되어 있기 때문입니다. 그러므로 공통적인 상식만으로는 판단할 수 없는 일 - 예를 들면 좋은 책인가 나쁜 책인가 하는 평가 - 에 관해서는 개개인마다 인식이 크게 다른 것입니다.

따라서 이 세 번째 의미의 경우에도 「이 책을 이 책이게 하는 본질적인 것」은 이 책 자체에서건, 그것을 인식하는 사람의 마음에서건, 어디에서도 찾아볼 수 없습니다. 그러나 인식하는 사람이 자신의 개념과 결합하여 "이런 것이다"라고 가정으로 설정함으로써 이 책은 그런 것으로 존재하게 되는 것입니다.

이 세 가지 의미의 연기로 존재하기 때문에 실체성이 부정되는 것,

역으로 실체성이 없기 때문에 연기로써 존재한다는, 그 상호관계를 이해할 수 있을 것입니다. 연기로써 공성을 이해하고, 공성으로써 연기를 이해하는 것이 중관귀류논증파 철학의 가장 절묘한 부분입니다.

그리고 또 하나 중요한 것은, 그와 같이 연기로써 성립한 것, 즉 공(쏜)인 것은 모든 존재라는 점입니다. 「모든 존재」가 그렇기 때문에 예외는 하나도 없습니다.

저처럼 평범한 사람, 번뇌로 물든 마음, 윤회라는 고통스러운 세계 …. 이른바 수행으로 극복되어야 할 존재가 공이고, 실체가 없다는 것은 비교적 받아들이기 쉽겠지요. 그러나 부처님이라는 완전무결한 존재, 그 깨달음의 지혜, 만다라라는 청정한 세계 등, 수행으로 얻어야 할 목표에 대해서는 공성을 초월한 궁극의 실체라고 생각하고 싶을는지도 모르겠습니다.

하지만 그것은 대단한 잘못입니다. 그런 훌륭한 존재도 사실은 모두 공한 것이고, 실체는 전혀 없습니다. 8장에서 언급한 것처럼, "나 자신도 공이고, 본존도 공이다"라는 인식이 밀교 명상에는 아주 중요합니다.

만약 "나 자신은 공이지만, 본존에는 실체가 있다"라는 생각을 버리지 않으면 본존 요가의 수행이 이루어질 수가 없습니다. 마찬가지로 「공성」이라는 궁극의 진리를 실체시하는 것도 중관 철학의 커다란 함정입니다. 예를 들면, 「이 책」에 관해서 그 실체성을 철저하게 규명해 가면 무엇 하나도 얻을 수가 없습니다.

그러므로 이 책의 궁극적인 진리는 「이 책의 공성」입니다. 그러면 「이 책」 대신에 「이 책의 공성」을 주제로 하여 실체성을 규명해 간다면 어떻겠습니까? 그 경우의 궁극적인 진리도 「이 책의 공성」이라 한다면, 아직 중관 철학을 진정으로 이해하지 못한 것입니다.

정확하게 말한다면, 「'이 책의 공성'의 공성」이라는 결론이 되어야 할 것입니다. 우리는 "공성도 공하다"라는 인식을 언제든지 명심해야 합니다.

공성과 연기에 대해 잘 배우고 깊이 고찰하여 이해가 되었다면, 그 이해를 명상으로 숙고하고 마음을 집중시킬 필요가 있습니다. 그런 수행에 익숙해짐에 따라 공성에 대한 이해가 머리로 이해하는 지식으로가 아닌 진정한 자신의 체험이 되는 것입니다.

이 명상을 수행할 때, 요점이 되는 것이 **정리지**(正理知) 입니다. 이것은 간단히 말하면, 「실체성의 추구에 전념하는 마음」입니다. 예를 들어, 정리지로써 이 책을 인식할 때는 「이 책의 실체는 무엇인가」라는 것에만 의식을 집중합니다.

앞에서 언급한 것처럼, 저처럼 평범한 사람은 "이 책 그 자체에 이 책을 이 책이게 하는 본질적인 것이 있다"라고 자연스럽게 믿고 있습니다. 그처럼 실체시하는 그 생각이 향하는 대상은 무엇일까요. 만약 그런 대상을 찾았다면 그것이 진정한 「이 책의 실체」로 성립할 수 있을까요?

마음속에 이러한 질문을 반복하며 철저하게 규명해서 역시 "이것이 이 책의 실체다"라고 할 수 있는 뭔가를 볼 수 있게 된다면 그 대상을 정리지로 파악해 갑니다. 그러나 규명하지 못한다면 그렇게 되는 시점에서 모두 무시합니다.

예를 들면, 철저하게 규명하지 않고 인식한 「이 책」은 「단순한 존재」일 뿐 실체라고 할 수는 없습니다. 마찬가지로 이 책의 색깔이나 모양은 「단순한 존재」의 속성일 뿐 역시 실체라 할 수 없습니다.

또한 표지, 각 장, 각 페이지라는 부분도 이 책의 실체는 아닙니다. 이것은 모두 앞에서 설명한 대로입니다. 따라서 정리지는 이러한 「단순한 존재」나 속성, 부분 등을 모두 무시하고 일체 인식하지 않습니다.

이 정리지의 마음에 한해서 말한다면 「실체성이 아닌 것은 완전히 무시한다」라는 점이 매우 중요한 것입니다.

처음 명상할 때는 자신의 마음을 「이 책」에 집중합니다. 그리고 점차로 마음을 정리지로 바꾸도록 노력합니다. 그렇게 하면 이 책의 색깔이나 형상 등은 점점 인식의 대상에서 사라져 갑니다. 왜냐하면 정리지라는 마음은 이 책의 실체만을 추구하고 있기 때문입니다.

비유하면, 매미를 잡는 데 몰두하는 아이는 다른 작은 벌레가 눈앞에 있어도 전혀 안중에 들어오지 않습니다. 또한 책이나 신문을 보는 데 열중하고 있으면 가까이에서 라디오의 일기예보가 들려도 그 내용을 정확하게 기억하지 못합니다.

더욱 읽는 것에 집중도가 높아지면 라디오 소리는 단순한 소리로 밖에 들리지 않습니다. 그런 경험은 누구라도 가지고 있겠지요. 정리지의 경우도 한 가지에 전념한다는 의미에서는 그런 것들과 같습니다.

그러나 그렇게 실체성의 규명에 전념하여 철저하게 탐구해 보아도 결국은 무엇 하나 얻을 수 있는 것이 없습니다. 그것은 지금까지 검토해 온 대로입니다. 그러므로 정리지의 마음은 "아, 허공처럼 아무 것도 없다"라는 감각을 맛보게 되는 것입니다. 물론 이때 「이 책」은 확실히 존재하고 있습니다.

그러나 「단순한 이 책은 정리지의 인식 대상이 아니다」라는 점을 생각해 주십시오. 자신의 마음이 완전히 정리지의 마음으로 바뀌었다면 실체성의 추구를 극한까지 규명해 본 결론은 반드시 「허공처럼 무한히 넓다」라는 감각이 될 것입니다. 이것이 공성이라는 궁극의 진리를 명상 중에서 어느 정도 체험하는 하나의 기본적인 방식입니다.

이러한 명상도 처음에는 개념적인 사고에 의지하지 않을 수 없습니다. 「실체성의 규명에 전념한다」라고 하더라도 그런 마음이 되기까지는 아주 어렵겠지요.

처음에는 개념적인 사고로 실체 이외의 것을 배제하면서 "지금 나는 실체성의 규명에 전념하는 것이다"라고 강하게 생각하는 정도밖에 할 수 없다 하더라도 도리가 없습니다. 그러나 몇 번이고 반복해서 수행하게 되면 점차로 개념적인 사고에서 벗어나는 것이 가능하고, 진정한 실체성의 추구에 전념할 수 있게 됩니다.

정리지로 「허공처럼 무한히 넓음」을 체험했다면 다시 자신의 마음을 평소의 상태로 되돌립니다. 그렇게 하면 「이 책」은 「단순한 존재」로서 인식 대상에 나타납니다.

그때 "이 책의 실체성을 규명해 보면 허공처럼 아무 것도 없다. 하지만 일상의 감각에서는 환상과 같은 것으로 확실히 존재하고 있다"라는 생각으로 나아가고, 결국 중도의 개념을 맛보게 되는 것입니다.

이 명상은 밀교 수행에 응용할 수 있습니다.

「이 책」 대신에 수행자 자신이나 본존을 명상의 대상으로 하면 "공성의 명상으로 나 자신과 본존을 일체화시킨다"라는 본존 요가의 기본 형식이 됩니다. 이에 대해서는 7장과 8장에서 조금 언급했습니다. 그렇게 수행할 때 개념적인 사고를 얼마만큼 감소시킬 수 있는가 하는 것이 명상의 질을 좌우하는 포인트입니다.

정리지의 마음으로 「허공 같은 공성」을 인식할 때 개념적인 사고가 섞여 있으면, 「인식의 주체인 정리지와 객체인 공성」이라는 구별이 생깁니다.

그러나 정리지 그 자체의 실체성을 규명해 보면 역시 「허공처럼 무한히 넓음」이 되기 때문에, 주체와 객체의 구별은 최종적으로 해소되지 않으면 안 됩니다. 이 구별이 완전히 없어지는 것과 개념적인 사고에서 벗어나는 것, 그리고 공성을 직감적으로 깨닫는 것은 같은 의미입니다.

그것을 일반적인 수행으로 실현하려면 아주 오랜 기간이 필요하게 됩니다. 그러나 최상승요가 탄트라 원만차제에 들어간 수행자라면「정광명」을 이룸으로써 짧은 시간 내에 실현 가능하게 됩니다.

이상, 본 장에서는「공성과 연기의 이해」라는 제목으로 중관 철학의 한 단면을 살펴보았습니다. 이 주제는 매우 심오하고 난해합니다. 왜냐하면 이것이야 말로 석가모니 부처님의 진의를 직접 설명한 가르침이기 때문입니다.

본 장에서의 약간의 설명은 단지 화제를 제공하는 정도에 지나지 않습니다. 관심이 있는 독자는 보다 상세하게 설명한 책을 보기도 하고, 또한 기회가 있으면 스승의 설법을 들으면서 이 불교사상의 핵심을 배우는 즐거움을 맛보아 주시기 바랍니다.

■ 10장의 내용을 더욱 상세하게 알기 위해 권하는 책
→《티베트 般若心經》게세 쏘남, 꾼쵹시탈, 사이토 야스타카/ 春秋社

11. 정신 집중 명상
- 지(止; 사마타)

앞 장에서 공성과 연기의 이해에 기초한 명상에 대해 간단히 언급했습니다. 그 중에 한 가지 요점은 「정리지」라는 마음의 형식으로 되어서 「허공처럼 무한히 넓음」을 실감하는 것이었습니다. 그러나 이것을 실제로 명상 수행 속에 시도해 보면 아주 어렵습니다. 왜 그런가 하면, 저처럼 낮은 차원의 수행자인 경우, 마음의 집중력이 부족하기 때문입니다.

완전히 정리지의 형태로 되는 것이나 「허공처럼 무한히 넓음」을 실감하는 것도, 마음의 집중력이 어느 정도 지속되지 않으면 현실적인 감각만으로는 체험할 수 없습니다. 그래서 본 장에서는 명상 중에 마음을 한 곳에 집중하는 「지(止; 사마타)」 수행에 대해서 조금 소개하고자 합니다.

일반 불교(현교)에서 말하는 것처럼, 지의 수행은 「지관」이라 하는 한 단어로 합친 용어로 표현합니다. 앞에서도 말했듯이 「지」라는 것은 마음을 하나의 대상에 집중하는 것입니다. 「관(觀: 위빠사나)」이란 어느 정도 마음을 집중시키면서 대상을 분석하는 것입니다.

수행의 처음 단계에서는 이 두 가지를 따로따로 수행하게 되지만, 상승효과를 높이는 형식으로 점차 결합하게 되어 최종적으로는 지와 관을 따로 나누기 어려울 정도로 결합된 경지를 목표로 해야 합니다.

앞 장에서 언급한 공성과 연기의 이해에 근거한 명상도 그 자체는 관 수행의 부류에 들어간다고 생각합니다. 그러나 그것과 지 수행을 결합시키면 「허공처럼 무한히 넓음」을 실감하는 집중력을 높일 수 있고, 지와 관을 나누기 어렵게 결합된 경지에도 서서히 가까워지겠지요. 그렇게 되면 개념적인 사고의 도움도 사라지고, 주체와 객체의 구별도 조금씩 해소될 것입니다.

다시 말하면, 이런 명상의 질을 향상시키는 열쇠는 지의 수행을 통하여 집중력을 높이는 점에 있다고 할 수 있습니다. 그러나 지의 수행 그 자체는 불교 독자적인 방식은 아닙니다. 적어도 힌두교 등의 인도 제종교에는 불교와 어느 정도 공통적인 정신 집중의 기술이 있다고 합니다. 만약 그렇다고 한다면 인도 뿐만 아니라 다른 나라의 종교에서도 그와 유사한 수행 방식을 찾을 수 있을 것입니다.

그것에 비해 관 수행의 내용은 주로 공성이나 무아를 주제로 하는 것이고, 이것은 불교에서만 찾아 볼 수 있는 뛰어난 특징입니다. 그러므로 지의 수행은 관의 수행과 병행하여 수행할 때 비로소 불교의 효과적인 수행으로 될 수 있는 것입니다.

그런데 지 수행을 설명하기 전에 「마음」이라는 것에 대해 조금 살펴봅시다. 불교의 인식론에서는 마음을 「명확하게 아는 것」이라 정의합니다. 이 정의의 의미를 중관귀류논증파는 「마음에 나타난 현현을 명확히 하고 현현한 내용을 인식하여 안다」라고 해석하고 있습니다.

그런 마음에도 오감의 식[根識]과 의식의 여섯 가지가 있습니다.

먼저 오감의 식을 대표하는 예로 시각의 식[眼識]에 대해서 생각해 봅시다. 바깥에 있는 보이는 대상[色境]은 눈이나 시신경의 기능[眼根]을 매개로 하여 시각의 식에 현현합니다.

시각의 식은 그렇게 나타난 현현을 명확화하고 인지하는 능력을 가지고 있습니다. 그것은 마치 어둠 속에 나타난 뭔가에 회중전등을 비추어 그것이 무엇인가를 아는 것과 같은 것입니다.

청각의 식[耳識], 후각의 식[鼻識], 미각의 식[舌識], 촉각의 식[身識]의 경우도 이것과 같은 구조입니다. 그러나 의식의 경우는 조금 다릅니다.

불교 철학에서 말하는 「의식」이란 마음 그 자체에 의존한 식(識)이고, 바깥 대상은 필요로 하지 않습니다. 우리들이 마음속에서 개념적으로 이리저리 생각하거나, 혹은 직감적으로 생각하는 것은 모두 의식의 작용입니다.

그렇게 생각하거나 궁리하기 위해서는 그 대상으로 되는 현현이 필요한데, 그것은 전찰나의 마음[意根]에서 정보 전달로 성립합니다. 다시 말하면, 의식에 나타난 현현은 눈 등 오감의 기능에서 직접 가져온 것이 아니라 마음에 의해 가져온 것입니다. 그 경우의 「마음」이라는 것은 오감의 「식」과 「의식 자체」입니다.

예를 들면, 시각의 식으로 이 책을 보았을 때, 그 색채나 형상, 특히 글자의 형태를 인식합니다. 그 정보가 시각의 식에서 의식으로 전달되어 의식의 인식 대상으로서 현현합니다. 의식은 그렇게 나타난 현현을 명확화 하여 의식 자신이 가지고 있는 책이나 문자의 개념과 결합시켜서 「이러한 책이다」라고 인식하는 것입니다.

그리고 그렇게 의식으로 인식한 정보가 그 의식에서 다음 찰나의 의식에 전달되어 다시 인식 대상으로서 현현합니다. 다음 찰나의 의식은 그렇게 나타난 현현을 명확화 하여 책의 주제에 대한 여러 가지 개념과 결합시키면서 「여기에 쓰인 내용은 바른 것 같다」라든가, 「이해할 수 없다」라는 식으로 생각하는 것입니다.

의식에 나타난 현현은 반드시 모양이나 물질적인 요소를 함께 갖춘 것이 아닙니다. 예를 들면, 자비나 분노 등의 마음의 작용, 무상 등의 추상적인 존재, 혹은 허공 등의 개념적인 존재도 포함됩니다. 더욱이 개념을 복잡하게 결합하여 구성된 철학 사상도 의식의 인식 대상으로서 현현되는 점이 인간의 마음의 훌륭한 점이라고 생각할 수 있겠지요.

그런데 의식이 이 책의 내용에 대해서 생각하고 있을 때, 전화벨이 울렸다고 합시다. 이 소리는 청각의 식에 의해 인지되어 그 정보가 의식에 전달되고 의식의 인식 대상으로서 현현합니다.

그러면 의식은 지금까지의 사고를 중단하고 청각의 식에서 가져온 현현 쪽을 명확화 시킵니다. 그리고 '누굴까?'라든가, '빨리 가 봐야겠다'라는 식으로 생각하는 것입니다.

이 단순한 예에서 알 수 있듯이, 우리들의 일상생활에서는 오감의 식과 의식이 끊임없이 작용하고, 거기에서 가져온 여러 가지 정보가 다음 찰나 의식의 인식 대상으로 현현합니다.

그 중에서 무엇을 명확화 시켜서 정확하게 인식하는가는 그때의 의식의 선택에 의거하는 것입니다. 독서에 열중하고 있을 때 라디오의 일기예보가 소리로는 정확하게 들리고 있는데도 그 내용을 전혀 인식하지 못하는 것은, 청각의 식에서 가져온 현현을 명확화 시키지 않은 예입니다. 전화벨 소리에 의해 생각하던 것을 중단한다는 것은 청각의 식에서 가져온 현현의 쪽을 명확화 시켜 전찰나의 의식에서 가져온 현현은 명확화 시키지 않는 사례입니다.

읽고 있는 책이 재미가 없고 다른 생각이 나는 것은, 의식이 단조로운 현현의 반복에 싫증나서 - 오감의 식에서의 정보가 없더라도 - 스스로 새로운 현현을 일으켜 명확화 시킨 사례입니다.

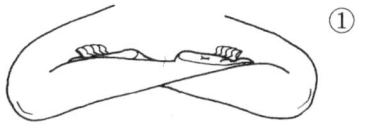
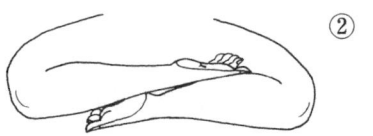
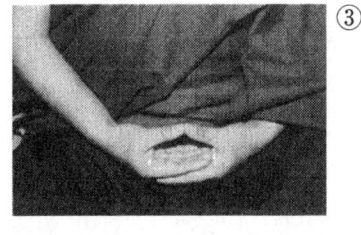

졸려서 몽롱해지는 것은, 오감의 식이나 의식의 활동이 둔해져서 현현을 가져오지 않거나 가져오더라도 명확화 되지 않은 사례입니다.

이러한 일상생활에서의 마음의 활동을 분석하는 것은 초보적인 지 수행의 참고로 하기 위해서입니다.

서두가 너무 길어진 것 같은데, 이제 초보적인 지 수행을 살펴봅시다.

① 결가부좌 ② 반가좌 ③ 정인

먼저 「비로자나의 칠좌법」이라는 바른 자세로 앉습니다. 구체적으로는 첫째, 양발을 결가부좌 또는 반가부좌로 앉습니다. 그것이 어려우면 무릎을 꿇고 단정히 앉거나 혹은 의자에 바르게 앉아도 됩니다.

둘째, 양손으로 정인(定印)을 맺고 배꼽 아래 단전 부분에 자연스럽게 둡니다.

셋째, 눈은 반쯤 뜬다는 기분으로 코끝에 시선을 둡니다. 명상 중에 눈을 완전히 감지 않도록 특히 주의할 필요가 있습니다.

넷째, 등을 똑바로 펴고 턱을 끌어당깁니다. 코와 배꼽을 연결하는 선이 수직이 되도록 때때로 확인해 보는 것도 좋겠지요. 이것은 맥관을 똑바로 하여 풍의 흐름을 원활하게 하기 위해서도 중요한 포인트입니다.

다섯째, 어깨를 수평으로 유지합니다.

여섯째, 머리를 곧게 세우고 정면을 향하며 움직이지 않도록 합니다.

일곱째, 혀끝을 윗입천장 안쪽에 댑니다.

이러한 좌법으로 몸을 정돈하고 마음을 가라앉히기 위해 잠시 동안 호흡에 의식을 집중합니다. 숨을 들이마실 때는, 스승의 가지를 받고 그것을 머물게 하며 자비와 보리심을 생기게 하고, 내쉴 때는 번뇌와 나쁜 생각을 버린다는 식으로 이미지화 해 보십시오.

여기까지는 지 수행에서 뿐만 아니라 티베트 불교 명상에서 일반적이고 공통적인 요점입니다. 예를 들면, 다음 장에서 언급할 「인과의 일곱 가지 비결」이나 혹은 8장에서 소개한 「육좌구루요가」 등의 경우에도 명상에 들 때까지의 과정은 같습니다.

이제부터 석가모니 부처님, 혹은 지금강불을 대상으로 간단한 지 수행에 들어가 보겠습니다.

티베트 불교의 명상에서는 지이든 관이든, 또는 밀교 본존요가이든 반드시 「명상 할 대상」이 필요합니다. 그 대상은 부처님이나 본존일 수도 있고, 자비심과 보리심, 혹은 무상이나 공성일 경우도 있습니다. 그러므로 어느 것이라도 뭔가의 대상이 있어야 합니다.

무념무상의 상태에서는 결코 바른 수행이 되지 않습니다. 물론 아주 수준 높은 공성의 명상에서는 도중에 모든 현현이 사라지게 되고 허공 같은 넓음만을 느끼게 되는 경우도 있습니다. 그렇다 하더라도 「허공 같은 공성」을 인식주체와 객체의 구별이 해소된 직감적으로 이해하는 것이지 무념무상의 상태는 아닙니다. 그런데도 그런 명상은 현현해 있는 것을 점차로 거둬들여 다시 세운다는 것에 의미가 있고, 단지 아무 것도 인식하지 않는 것과는 근본적으로 다름을 분명히 알아야 합니다.

더구나 지금 여기에서 설명하는 초보적인 지 수행 같은 경우에 명확한 모습이 있는 대상에 마음을 집중하는 편이 훨씬 수행하기 쉽다고 생각합니다. 그러기 위해서는 가능한 한 실제로 불상이나 탱화 등을 눈앞에 두고 그것을 바라보면서 명상하는 편이 바람직하겠지요.

그래서 먼저 지의 예비 단계로서 시각의 식(識)을 불상이나 탱화에 집중해 봅니다. 그때 바깥 대상인 불상 등은 눈이나 시신경의 기능을 매개로 시각의 식에 현현하고 있습니다. 시각의 식은 그렇게 나타난 현현을 명확화 하여 인지하고 있습니다.

앞에서도 말했듯이, 그것은 마치 회중전등을 비추고 있는 것과 같은 존재입니다. 그런 인식의 과정을 상기하면서 지금 자신이 불상 등에 시각의 식을 집중하고 있다고 하는 그 마음의 작용을 느껴 보십시오.

불상이나 탱카 등을 자세히 보고, 석가모니 부처님이나 지금강불의 모습을 기억할 수 있으면, 이번에는 자신의 생각의 힘으로 똑같이 석가모니 부처님이나 지금강불의 모습을 생각으로 그려 보십시오.

여기에서 말하는 「생각[意思]」이란 의식의 활동 중의 하나로 "이런 식으로 명상하자"라고 계획하는 것입니다. 먼저 자기 키 정도의 앞 공간에 자기 이마 정도의 높이로 연화·월륜·일륜을 겹쳐서 만든 보좌를 시각화합니다.

그 보좌 위에 석가모니 부처님 혹은 지금강불이 앉아 있는 모습을 될 수 있는 한 사실적으로 명상합니다. 그 몸은 입체적이고 밝게 빛나고 있고, 너무 크지 않게, 더욱이 중량감이 있는 그런 모습으로 느끼는 것이 「지 수행」의 포인트입니다.

이렇게 생각의 힘으로 그린 석가모니 부처님 등의 몸은, 지금 현재의 의식에 인식 대상으로서 현현해 있습니다. 의식은 그것을 명확화 하여 그대로 직감적으로 받아들입니다. 그 인식 과정은 - 단순한 비유에 지나지 않지만 - 슬라이드 영사기처럼 빛 그 자체가 볼 수 있는 영상으로 되어 나타나 있는 것과 같은 존재입니다.

그런 인식의 과정을 상기하면서 지금 나 자신이 석가모니 부처님 등의 몸에 의식을 집중하고 있다는 그 마음의 작용을 느껴 봅니다. 이 상태를 편안하게 지속할 수 있으면 그것이 지 수행으로 되는 것입니다.

마치 같은 슬라이드를 계속 이어서 비추고 있는 것처럼, 같은 현현을 파악하고 계속 명확화하며 같은 느낌을 이어가는 것입니다. 이렇게 현현으로서의 대상을 안정적으로 파악하는 의식의 작용을 「억념(憶念)」이라 합니다.

그러나 실제로 이렇게 해 보면 계속 명확화하며 같은 느낌을 이어간다는 것이 상당히 어렵다는 것을 알 수 있습니다. 명상 도중에 석가모니 부처님의 위치나 크기, 색채나 형상 등이 자신의 기분에 따라 점차로 변화해 버리기도 합니다. 이것은 지 수행에 익숙하지 않아서 미숙한 마음이 가져오는 이변인데, 그대로 두고 있으면 수준 높은 명상이 되지 않습니다.

그런 이변이 있으면 빨리 감지하고 바로 본래의 상태로 되돌아가기 위해 확인하는 기능이 필요합니다. 그런 의식의 작용을 「정지(正知)」라고 합니다. 지 수행이 성과를 얻는가 얻지 못하는가는 억념과 정지의 작용에 달려 있다고 해도 과언이 아닙니다.

지 수행에서 가장 큰 장애는 산란과 혼침입니다.

산란이란, 마음이 흥분되고 들떠서 의식이 안정되지 않은 상태입니다. 슬라이드의 비유로 말하면, 영사기의 조명이 너무 강해서 다른 것까지 비치어 그쪽으로 마음이 흩어져 버린 것과 같겠지요.

앞에서 말한 일상생활의 마음 분석과 결부해서 생각해 보면, 전화벨 소리로 생각하던 것을 중단하는 것과 마찬가지로 오감의 식에서의 현현을 명확화 시켜 버리는 것과 같은 상황입니다. 억념의 힘이 바깥의 자극에 의해 오감의 식에서 가져온 현현에 의식이 옮겨가 버리는 것은 가장 초보적인 산란입니다.

이런 산란의 대치법은 먼저 그것이 발생하는 과정을 잘 파악하는 것입니다. 그리고 오감의 식에서 여러 가지 현현이 끊이지 않고 침입해 오더라도, 그것을 모두 무시하는 습관을 확립해야 합니다.

예를 들면, "독서에 몰두하고 있어서 일기예보의 내용을 전혀 인식할 수 없었다"라고 할 때의 마음 활동을 잘 분석하여 그와 비슷한 상태를 목표로 해야 합니다. 또한 독서 중에 다른 것을 생각하게 되는 것과 마찬가지로 의식이 새로운 현현을 일으켜 명확화 시키는 형식도 있습니다.

특히 과거의 집착 대상을 기억하고, 그 현현에 의식이 옮겨가 버리는 것은 산란의 가장 전형적인 예라고 할 수 있습니다. 이 산란은 오감의 의식이 직접 관계하지 않더라도 발생하므로 문제는 모두 의식 쪽에서 해결하지 않으면 안 됩니다.

전통적으로 설하는 대치법은, 의식의 흥분을 진정시키기 위해 고통이나 무상 등 싫어하는 대상을 상기하는 것입니다. 이것은 들떠있는 마음의 과잉 작용이 발생하여 산란에 이르는 구조에 착안하여 의식의 진정화를 도모하는 것이라 할 수 있습니다.

그것을 조금 알기 쉽게 응용해 봅시다. 나의 주위에 지옥같은 고통의 세계, 혹은 목숨의 무상함을 상징하는 무서운 공동묘지를 떠올립니다. 그리고 '이런 무서운 세계에서 완전히 벗어나기 위해서는 눈앞에 계신 석가모니 부처님이나 지금강불을 믿고 그 모습을 명확하게 파악하고 있지 않으면 안 된다. 마음이 산란해져 나타나는 다른 현현은 결국 이 무서운 세계로 나를 끌고 가는 것이다'라고 강하게 생각합니다. 이것은 거친 차원의 산란을 급속히 억제하는 데에 알맞은 방법이라 할 수 있습니다.

미숙한 마음이 제멋대로 돌아다녀서 진정으로 중요한 것을 보지 못하게 하는 그런 거친 차원의 산란은 될 수 있는 한 빠른 단계에서 극복하지 않으면 안 됩니다. 그렇지 않으면 여러 가지 훌륭한 수행법을 아무리 수행해 보더라도 별다른 성과를 올리지 못하게 되어 버립니다.

더욱이 의식이 대상을 파악하면서도 그 대상에 관한 여러 가지 분별의 현현을 내고, 그것을 명확화 시키는 형식도 있습니다. 예를 들면, 석가모니 부처님께 의식을 집중시키면서, 그 석가모니 부처님의 위업에 점차 마음을 돌려 가는 것과 같은 경우입니다. 이것은 평소라면 대단히 훌륭한 명상이라 할 수 있겠지만, 순수한 지 수행의 입장에서 말한다면 역시 일종의 산란이므로 억제해야 합니다.

지 수행에 있어서 또 한 가지 장애는 혼침입니다.

「혼침」이란 마음이 나태해져서 의식이 흐릿해져 버린 상태입니다. 슬라이드의 비유로 말하면, 어떤 이유에서 전압이 내려가 영사기의 조명이 약해져 보기 힘들게 된 것과 같겠지요. 일상생활의 마음 분석과 결합해 생각해 보면, 졸려서 몽롱하게 된 것과 같이 의식의 활동이 둔해져서 현현을 명확화 시킬 수 없는 것과 같은 상태입니다.

이 혼침은 산란과 정반대의 현상입니다. 초심자의 경우, 혼침에 빠져 있는 상황을 - 산란이 생기지 않기 때문에 - 마음이 잘 집중되고 있다고 착각하기 쉬우므로 주의해야 합니다. 산란을 진정시켜 안심하고 있으면 억념의 힘이 혼침이나 무기력에 침식당해서 서서히 의식의 활동이 둔해져 버릴 위험성이 있습니다.

그런 상태에 빠졌을 때의 대치법은, 동경하는 마음으로 부처님의 공덕을 상기하거나, 햇빛처럼 밝은 모습을 떠올리며 마음을 격려하도록 합니다. 그 밝음을, 현현을 명확화 하는 의식의 힘으로 거둬들여 - 마치 전압을 높이는 것처럼 - 마음의 힘을 다시 활성화시킨다고 생각해 보는 것도 좋겠지요.

지 수행을 통하여 마음의 집중력을 높일 수 있으면 밀교의 수준 높은 명상도 효과적으로 수행할 수 있습니다. 이러한 정신집중의 효과를 생각하며 기쁜 마음을 내어 혼침이나 침잠해져 있는 의식을 깨우는 것입니다.

지의 수행에서는 앞에서 말한 정지의 작용을 민감하게 해 두는 것이 중요합니다. 마음이 혼침이나 산란의 상태에 빠졌다면, 될 수 있는 한 빨리 감지하여 적절한 대치법을 강구할 필요가 있습니다.

또한 그 효과가 나타나서 나쁜 상태가 고쳐졌다면 그것도 빨리 감지하고 대치법을 그만 둘 필요가 있습니다. 만약 혼침이 없어졌는데도 마음을 격려하는 노력을 계속하면 도리어 산란에 빠져 버립니다.

반대로 산란이 없어졌는데도 마음을 진정시키는 노력을 계속하면 혼침에 빠져 버립니다. 정지의 작용으로 그 미묘한 균형을 조절하고, 억념의 작용으로 안정화를 도모하는 것입니다.

이상, 초보적인 지의 명상을 살펴보았습니다.

실제의 수행법에서는 다섯 가지 과실, 여덟 가지 대치법, 아홉 단계 등이 설해지고, 최종적으로 몸과 마음의 경안(輕安)을 얻는 것에 의해 지(止)가 달성된다고 합니다.

「경안」이란 지의 수행에 숙달되어 몸과 마음이 가벼워진 상태입니다. 이것을 얻으면 작용이 둔하고 무거워 뜻대로 되지 않는 존재를 극복하여 여러 가지 수행을 오랜 시간 수행해도 피로감을 느끼지 않게 된다고 합니다.

본 장의 입장은, 관정을 받아서 「육좌구루요가」나 생기차제의 수행을 시작하기 위해, 일단 공성의 이해와 함께 어느 정도 정신 집중력을 길러 둔다는 것입니다. 그 정도의 목적이라면 거친 차원의 산란이나 혼침을 억제할 수 있는 것으로 충분하다고 생각합니다.

그렇게 말할 수 있는 이유는 밀교 수행에 들어가서 7장에 언급한 생기차제의 「미세한 틱레의 요가」를 본격적으로 수행하는 단계에 그것을 응용하면 지(止)를 완전히 달성할 수가 있고, 지와 관을 결합시켜 갈 수도 있기 때문입니다.

- 11장의 내용이나 止觀에 대해서 더욱 상세하게 알기 위해 권하는 책
→ 《달라이 라마 大乘의 瞑想法》 꾼촉 시탈 監譯/ 鈴木樹代子 譯/ 사이토 야스타카 原典譯/ 春秋社

12. 살아 있는 모든 존재를 위해
- 보리심(菩提心)

1장에서 "무엇 때문에 불교를 배우고 수행하는가"라는 의문에서 이제 하나의 최종적인 결론에 도달했습니다.

"살아 있는 모든 이의 행복을 위해, 나 자신이 부처님의 경지를 목표로 노력하는 것 …." 이것이야 말로 우리들이 대승불교도로서 살아가는 궁극적인 의미입니다.

일반적으로 불교에는 대승과 소승 두 가지가 있습니다만, 그것을 나누는 진정한 기준은 무엇일까요? "살아 있는 모든 이의 궁극적인 행복을 위해 나 자신이 부처님의 경지를 성취해야겠다"라는 의지를 가지고 수행하는 것이 대승불교도, 그 이외는 소승불교도입니다.

교리나 철학, 승원이나 학파 등에 대해서도 대승과 소승으로 나눌 수는 있지만, 결국은 수행자의 동기에 귀착하는 문제입니다. "살아 있는 모든 이의 행복을 위해 나 자신이 부처님의 경지를 목표"로 하는 서원과, 그 서원을 행위와 수행의 동기로 삼는 것을 불교 용어로 「보리심」이라 합니다.

5장에서 9장까지 소개한 밀교는 대승불교의 이상을 신속히 실현하기 위한 비밀의 방편입니다. 즉 대승불교를 반드시 밀교라고 한정할 수는 없지만, 밀교라고 하면 반드시 대승불교여야 합니다. 이 관계를 올바르게 이해하는 것은 매우 중요합니다. 밀교는 그 수행 동기가 대승불교이기 때문에 반드시 보리심에 근거하지 않으면 안 됩니다.

금생에 행복하게 되고 싶다, 내생에 천상에 태어나고 싶다, 윤회의 고통에서 벗어나고 싶다 … 등등, 보리심에 근거하지 않은 동기로 밀교를 수행한다면 전혀 의미가 없습니다. 가끔, "초능력을 얻기 위해 밀교를 수행하고 싶다"라는 사람이 있는데, 그것 역시 자기 애착에서 생긴 원이므로 밀교를 수행하는 동기가 될 수 없습니다.

이에 대하여 혹시 "초능력을 얻고 싶다는 것은 초능력으로 많은 사람들을 구제하고 싶어서이다"라는 반론이 있을지도 모릅니다. 자신의 마음을 정직하게 바라보고 순수하게 그렇게 생각하고 있다면 나쁘다고는 할 수 없습니다.

그렇지만 진정으로 그런 동기와 원이라면 망설이지 말고 부처님의 경지를 목표로 해야 합니다. 왜냐하면 부처님의 자비와 지혜, 위신력보다 더 나은 초능력은 어디에도 없기 때문입니다. 정신집중력에 뛰어난 수행자가 보리심을 가지지 않고 밀교를 수행하면 어중간한 신통력을 얻어 사람들을 현혹하기도 하고, 내생에 마물(魔物)로 태어나기도 한다고 합니다.

여기에서도 알 수 있듯이 밀교를 수행하기 위해서는 공성의 이해나 정신 집중력도 빠질 수 없지만, 무엇보다도 보리심이 가장 중요합니다. 9장에서 강조한 것처럼, 스승으로부터 관정을 받지 않으면 밀교를 수행할 수 없습니다. 그리고 예나 지금이나 위대한 스승들은 보리심의 동기 없이 관정을 받는 것을 절대로 금하고 있습니다.

그렇지만 순수한 보리심을 일으키는 것은 아주 어려운 일입니다. 진정한 보리심을 가지고 있다고 말하기 어려운 상황에서는, 엄밀히 생각하면 관정을 받을 자격도 없습니다.

하지만 자비 깊으신 스승들은 기적처럼 찾아온 이 기회를 회피할 경우, 다시 이 수승한 가르침을 만날 가능성은 지극히 희박하다는 것을 - 마치 먼 길을 떠난 자식을 걱정하는 부모처럼 - 걱정하고 있습니다. 그러므로 이른바 보흠입학(補欠入學)처럼 기회를 일부러 주신 것입니다. 그것을 **「만들어 낸 보리심」**이라 합니다.

구체적으로 어떤 것인가 하면, 먼저 보리심에 대해 잘 배우고 충분히 생각하여 바르게 이해한 후 "나도 꼭 보리심을 가지고 싶다"라고 강한 원을 일으키는 것입니다. 이 때 스승의 지도에 따라 보리심을 일으키는 명상 수행을 하고, 그러는 가운데 '확실히 보리심을 일으켰다'라고 강하게 생각하는 것입니다.

이렇게 하여 억지로라도 만들어 낸 보리심이 있으면 일단 관정을 받을 수 있게 됩니다. 그러나 그렇게 해서 관정을 받은 수행자는 「만들어 낸 보리심」을 진정한 보리심으로 키워 나갈 책임을 지게 됩니다.

여기에서 보리심을 일으켜 키워 나가는 명상은 빠뜨릴 수 없는 중요한 수행이 됩니다. 그러면 실제로 보리심을 일으켜 키워 나가기 위해서는 어떻게 하면 좋을까요? 현대적인 시점에서는 1장에서 언급한 대로 생각을 진행시키는 것도 좋으리라고 봅니다.

여기에서는 「인과의 일곱 가지 비결」이라는 전통적인 방법을 소개해 보겠습니다.

먼저 살아 있는 모든 이를 평등하게 보는 것에서 시작합니다. 우리들은 일상생활에서 자기 자신이나 좋아하는 사람에 대해서는 집착하고, 싫어하는 사람에 대해서는 화를 내고, 자신과 관계가 없는 사람들은 무시하고 있습니다. 그러나 그런 구별은 자기 애착에 기인한 것일 뿐입니다.

1장에서 고찰한 것처럼, 자기 애착의 결과를 잘 인식하고 자기 애착 그 자체를 부정했다면 그런 구별이 일어날 근거는 없습니다. 그때 모든 사람과 모든 중생은 행복을 바라고 고통을 원하지 않는다는 점에서 모두가 평등한 존재임을 생각할 수 있겠지요.

제1단계는, 모든 중생을 자신의 어머니로 보는 것입니다.

자기 자신을 포함해서 살아 있는 모든 것들이 무한한 과거부터 윤회를 반복해 왔습니다. 그렇다면 전생의 한없는 반복 중에서 어떤 중생이라도 자신의 어머니로 만났을 가능성이 전혀 없다고는 할 수 없습니다.

제2단계는 그 은혜를 아는 것입니다.

전생에 언젠가 어머니였던 중생은 지금의 어머니와 마찬가지로 깊은 애정으로 나를 지키고 키워 주신 것입니다.

제3단계는 그 은혜를 갚는 일입니다.

현재의 어머니의 은혜에 보답할 필요가 있다면 전생의 어머니의 은혜에도 보답해야 하는 것입니다. 이러한 관계를 볼 때 지금이야 말로 꼭 은혜를 갚아야 할 때라고 생각할 수 있는 것입니다.

제4단계는 자애(慈愛)입니다.

전생의 어머니들에게 은혜를 갚기 위해 모든 중생의 행복을 원합니다. 이 순수한 사랑의 마음을 불교 용어로 말하면 「자비」의 「자(慈)」에 해당합니다.

제5단계는 불쌍히 여깁니다.

모든 중생의 현존재를 살펴보면 번뇌로 인해 거듭 악업을 쌓고, 그 과보로 엄청난 고통을 받고 있습니다. 그 상황을 마치 연로해서 병상에 누워 계시는 어머니를 보는 것처럼 여기고, 어떻게든 고통에서 구원해 내고 싶다고 원합니다.

이 순수한 마음은 「자비」의 「비(悲)」에 해당합니다. 특히 그 수행이 모든 중생에 남김없이 전해지는 경우를 「대비(大悲)」라고 하고, 대승불교 수행의 근본이라 할 수 있습니다. 이 「모든 중생에게 남김없이」라는 관점은 일반적인 상식을 뛰어넘는 발상이라 할 수 있습니다.

불쌍하게 보이는 사람에게는 비교적 동정심을 내기가 쉽지만, 자신보다 훨씬 행복해 보이는 사람에게는 별로 그런 생각이 나지 않습니다. 그러나 아무리 지금 행복해 보이더라도 번뇌가 남아 있는 한 고통이 되돌아오고 악업에 의해 불행의 그늘이 소리 없이 다가올지도 모릅니다. 그러므로 아무리 행복해 보이는 사람이라도 대비심의 대상이 되어야 할 것입니다.

뿐만 아니라, 이미 번뇌를 모두 끊고 높은 경지에 다다른 보살조차 아직 부처님의 경지를 얻지 못했다는 의미에서, 대비심의 대상이 됩니다.

저처럼 낮은 차원의 수행자가 자신의 귀의의 대상인 높은 경지에 이른 보살을 상대로 대비심을 일으킨다는 것은 상식적으로는 생각할 수 없는 일이겠지요. 그러나 그 상식의 벽을 넘어서지 못하면 진정한 대비심의 의미는 체득할 수 없습니다.

제6단계는 수승한 결의[增上意樂]입니다.

대비심이 갖추어졌다면 지금이야말로 "나의 어머니와 같은 살아 있는 모든 이를 고통의 바다에서 구해 내고, 그 무거운 짐을 내가 대신 짊어지자"라는 결의를 견고히 할 때입니다.

이 단계가 대승불교와 소승불교의 분기점이 됩니다. 소승불교의 수행자도 중생들에 대하여 깊은 자비를 일으키지만, "구제의 무거운 짐을 자신이 짊어진다"라고 까지는 생각하지 않습니다.

이 수승한 결의에 대해서도 주의하지 않으면 안 되는 점이 있습니다. 예를 들면, 다음과 같이 생각한다면 어떻겠습니까?

'지금까지 석가모니 부처님을 비롯해 수많은 부처님이 「살아 있는 모든 이의 구제」를 목표로 수행했고, 이미 부처님의 경지를 얻으셨다. 부처님의 대비는 차별이 없고, 그 구제 능력은 완전무결하시다. 그렇다면 모든 중생의 구제는 석가모니 부처님께 맡겨 놓고, 우리도 석가모니 부처님에 의해 구제될 수 있도록 하자. 아무 능력도 없는 우리가 분수에 맞지 않게 보리심이다 뭐다 하는 것도 어려운 일이고, 무엇보다도 구원되어야 할 대상이 있어야 부처님의 구제 활동도 완성되는 것이니까…'

이런 생각은 얼핏 보면 바른 논리 같지만, 두 가지 의미에서 잘못이 있습니다. 먼저 현실을 직시하지 않으면 안 됩니다. 확실히 석가모니 부처님을 비롯한 제불(諸佛)의 자비는 차별이 없으시고 그 구제 능력은 완벽합니다. 그럼에도 불구하고 우리들이 현재 구제되지 않고 있는 것은 대체 왜일까요? 그것은 4장에서도 조금 언급한 대로 우리들 쪽에 문제가 있기 때문입니다.

진정한 구제는 부처님의 힘에 의해 일방적으로 실현되는 것이 아니라, 부처님의 훌륭한 인도를 받으면서, 최종적으로는 구제되어야 할 쪽의 노력에 의해 이루어지는 것입니다. 「석가모니 부처님에 의한 나의 구제는 나 자신이 부처님의 경지를 획득하는 것에 의해 궁극적으로 완성되는 것입니다.

둘째는 그런 구제의 과정도 인연이 없으면 이뤄질 수 없습니다. 이 지구상의 인간만 보더라도, 불교와 전혀 인연이 없는 이가 무수히 많습니다. 「인연이 없다」라는 의미는 먼 전생부터 지금까지 이어지는 여러 가지 인과의 과정 중에서 「석가모니 부처님의 가르침을 만날」 결과를 가져올 원인이나 조건을 전혀 짓지 않았다는 것입니다.

그러나 석가모니 부처님을 비롯한 제불과는 인연이 없었다 하더라도, 지금의 나와는 인연이 있는 중생이 아주 많이 존재할 것입니다. 그렇기 때문에 내 자신의 능력이 아무리 낮다 하더라도 수승한 결의를 일으키는 것은 큰 의미가 있습니다.

제7단계는 보리심을 일으키는 것입니다.

수승한 결의를 견고히 한 이상, 그것을 실현하는 방법을 생각하지 않을 수 없습니다. 현재의 자신에게는 모든 중생을 구제할 능력이 전혀 없습니다. 그렇다면 자신보다 조금 높은 경지의 수행자라면 할 수 있을까요? 아닙니다. 그것도 불가능합니다.

1장에서도 언급한 것처럼, 살아 있는 모든 이를 진정으로 구제할 수 있는 길은 번뇌[煩惱障]와 그 뒤에 남은 악영향[所知障], 자기 애착 등을 완전히 끊어 없애고, 완전무결한 자비와 지혜와 위신력을 갖춘 부처님이 되는 길 뿐입니다. 즉 수승한 결의를 실현하기 위해서는 나 자신이 부처님의 경지를 얻지 않으면 안 됩니다.

그래서 여섯 단계의 원인을 순차적으로 쌓아 온 필연적인 결과로서 마음속에 보리심이 싹트는 것입니다. 처음에는 마치 땅에 발이 닿지 않은 것처럼 「만들어 낸 보리심」에 지나지 않겠지만, 이 「인과의 일곱 가지 비결」을 몇 번이고 반복해서 명상하며 실생활 속에서 항상 마음을 집중하게 되면 이윽고 진정한 보리심을 견고하게 기르게 됩니다.

이 외에 보리심을 일으키고 성숙시키기 위한 명상으로 샨티데바보살의 《입보리행론》에서 말하는 「자타의 평등과 교환」이라는 방법도 있는데, 지면 관계로 설명을 생략하겠습니다. 이 주제에 대해서는 읽을 수 있는 훌륭한 책이 많이 나와 있으므로 꼭 참조해 주십시오.

지금까지 살펴본 것처럼, 보리심에는 먼저 "살아 있는 모든 이를 온전히 구제하기 위해 나 자신이 부처님의 경지를 얻고 싶다"라고 서원하는 측면이 있습니다. 이것을 「원보리심」이라 합니다.

그러나 뜻을 세우고 원하는 것만으로는 부처님의 경지를 얻을 수 없습니다. 그러므로 "서원을 현실화하기 위해 수행에 들어가자"라고 의도하는 측면도 필요합니다. 이것을 「행보리심」이라 합니다. 원보리심과 행보리심 두 가지 모두가 갖춰져야 완전한 보리심이 되는 것입니다.

행보리심의 구체적인 첫걸음은 보살계를 받는 것입니다.

보살계는 스승으로부터 받을 수도 있고, 제불 보살을 명상함으로써 스스로 받을 수도 있다고 합니다. 그 구체적인 내용은 8장에서 간단히 소개했습니다. 원보리심과 행보리심을 합한 진정한 보리심을 지닌 수행자를 「보살」이라 합니다.

그 보살에도 여러 가지 수행 단계가 있습니다. 크게 나누면 공성을 직감적으로 깨닫기까지가 「범부의 보살」, 그 이후는 「성자의 보살」입니다. 성자의 보살이 공성을 직감적으로 깨달은 지혜를 **「승의(勝義)보리심**」이라 합니다. 이에 비하여 원보리심과 행보리심은 **「세속(世俗)보리심**」이라 합니다.

일반적으로 「보살」이라 하면, 대단히 위대하고 우리와는 동떨어진 존재로 생각해 버립니다. 그러나 저와 같이 평범한 사람이라도 진정한 세속보리심을 일으킬 수 있다면, 지금 바로 「범부의 보살」이 될 수 있는 것입니다. 보살이 부처님의 경지를 얻기 위해 필요한 수행은 **보시·지계·인욕·정진·선정·반야**의 「육바라밀」입니다.

먼저 **첫째의 「보시바라밀」**은 재물이나 가르침이나 평정을 진정으로 필요로 하는 상대에게 아낌없이 주는 것입니다. 「바라밀」이란 그 수행을 완성시켰다는 의미입니다. 그러나 이 「완성시킨다」라는 것은 수행자 자신의 마음을 완성시킨다는 의미로 해석해야 합니다.

예를 들면, 보시바라밀을 「온 세상의 가난을 완전히 없앤다」라는 의미로 해석하면 대단한 오해입니다.

"석가모니 부처님을 비롯한 많은 부처님들이 보시바라밀의 수행을 달성하여 부처님의 경지를 얻었는데도 세상의 가난이 없어진 적은 한 번도 없었다. 그렇다면 석가모니 부처님이 부처님의 경지를 얻었다는 것은 거짓말이 아닌가? ….”

그런 최악의 생각으로 나아갈 수 있는 만큼 이 오해는 대단히 위험합니다. 그것은 본질적으로 「인과의 일곱 가지 비결」의 제6단계 「수승한 결의」 부분에서 언급한 오해와 같은 뿌리를 가지고 있습니다.

"부처님의 자비는 차별이 없고, 구제 능력은 완벽하다고 했는데 우리들은 아직 구제되지 않았다. 그렇다면 석가모니불, 아미타불, 대일여래도 모두 거짓말이 아닐까? ….”

이와 같이 불신의 파문을 점차로 넓혀 가면서 여러 가지 종교나 종파를 기웃거리는 사람을 가끔 보게 되는데, 자신의 잘못된 생각을 고치지 않는 한 해결책은 찾을 수 없습니다.

둘째의 **「지계바라밀」**은 불교의 일반적인 계율과 특히 보살계를 지키는 것입니다. 밀교의 수행자라면 삼매야계도 지켜야 합니다.

셋째의 **「인욕바라밀」**은 다른 이로부터 가해지는 위해(危害)에 대해 화를 내지 않는 것입니다. 이에 대해서는 다음 장에서 조금 더 생각해 보겠습니다.

넷째의 **「정진바라밀」**은 기쁘게 보살의 수행을 위해 노력하는 것입니다. 「기쁘게」라는 것이 포인트이고, 강요에 의해 억지로 노력하는 것은 정진이 아닙니다.

다섯째의 「**선정바라밀**」은 정신집중이고, **여섯째**의 「**반야바라밀**」은 주로 공성의 이해로써, 앞 장과 10장의 내용에 관련이 있습니다.

이러한 육바라밀의 수행에 밀교의 독특한 방편을 더하게 된다면, 보살 수행에 필요한 시간은 대폭 단축됩니다. 그러나 그것은 자신을 위해 단축하는 것이 아닙니다. 자기 자신에게 있어서 보살의 수행은 가령 아무리 시간이 걸린다 하더라도 기쁘게 해야 합니다.

만약 '힘들고 하기 싫은 수행이므로 빨리 끝내고 편하게 지내고 싶다'라고 생각한다면, 앞에서 말한 정진바라밀은 성립되지 않으므로 부처님의 경지를 얻을 수도 없겠지요. 더욱이 현재는 자신에게 고통으로 여겨지는 수행이라 하더라도 장래에 높은 경지의 보살이 되었을 때는 대단한 기쁨으로 느껴지게 되는 것입니다. 그러므로 지극히 오랜 기간에 걸친 수행도 실제로는 지금 생각하는 만큼 고생스러운 것은 아닌 것입니다.

그러나 나 자신이 구원해야 할 중생의 일이라면 얘기는 다릅니다. 석가모니 부처님이나 다른 제불과는 인연이 없었다 하더라도 나와는 인연이 있는 중생이 무수히 존재하고, 그들은 지금 이 순간에도 계속 고통을 받고 있습니다. 그것을 진지하게 생각한다면 자신의 보살 수행을 어떻게든 빨리 완성해야 합니다. 느긋하게 즐기고 있을 여유가 전혀 없습니다.

자비와 보리심이 깊어지면 깊어질수록 「빨리 빨리」라며 점점 더 안타까워하게 됩니다. 그런 긴장을 높이면서 한 가닥의 희망에 매달리는 기분으로 스승으로부터 관정을 받는 것이 밀교에 입문하는 가장 이상적인 방식입니다. 이러한 순수한 동기를 가지면서 그 원동력을 「육좌구루요가」, 생기차제, 원만차제의 수행으로 진행시켜 나가면 결과도 순수한 것이 되고, 밀교 경전에서 설한 대로 신속히 부처님의 경지를 실현[卽身成佛]할 수 있을 것입니다.

그런데 티베트 불교에서는 "자신과 다른 이 중에 어느 쪽이 먼저 부처님의 경지에 도달해야 할 것인가"라는 점에서 보리심을 세 가지로 나누어 설하고 있습니다.

자신이 먼저 부처님이 되어 살아 있는 모든 이를 깨달음의 경지로 이끌겠다는 것이 **「왕자의 보리심」**입니다. 모든 중생과 함께 깨달음의 경지에 건너가자는 것이 **「선장(船長)의 보리심」**입니다. 다른 모든 이를 먼저 깨달음의 경지에 보내고 자신은 마지막에 이르겠다는 것이 **「목동의 보리심」**입니다.

이 중에서 「목동의 보리심」이 가장 우수하다는 것이 일반적입니다. 자기보다도 다른 이를 소중히 하는 대승불교의 이념으로서 그것은 당연한 것이겠지요. 그러나 현실적으로 그것이 가능한가를 생각해 보면 얘기는 다릅니다.

「목동의 보리심」의 경우 그 의미는 아주 훌륭할 뿐 아니라 대승불교 수행자인 이상 이 마음가짐을 잊어서는 안 됩니다. 그러나 진정으로 실

금강수보살   문수보살

천이 가능한 것은 「목동의 보리심」이나 「선장의 보리심」이 아닌 「왕자의 보리심」입니다.

물론 보살의 입장에서도 - 특히 높은 경지의 보살들은 - 다른 이의 구제는 어느 정도 가능하고, 또한 그 행위 자체가 보살의 수행입니다. 그러나 부처님의 구제 능력에 비하면 아주 열등하고 불완전한 것입니다. 따라서 "모든 중생을 구제하고 싶다"라는 원을 일으킨 이상, 먼저 자신이 부처님에 도달해야 합니다. 그런 의미에서 머뭇거림 없이 「왕자의 보리심」을 규명해야 한다는 것이 겔룩파의 일관된 생각입니다.

만약 「목동의 보리심」이 마음가짐의 차원만이 아니라 현실적으로 가능하다면 그것은 "구제 능력의 측면에서 부처님보다도 보살 쪽이 뛰어나다"라고 주장하는 것과 같습니다. 그렇다면 "살아 있는 모든 이를 구원하기 위해 부처님의 경지를 목표로 한다"라는 보리심도 무의미하게 되고, "신속히 부처님의 경지에 도달한다"라는 밀교의 가르침이 아무 의미가 없어져 버립니다.

티베트 불교에서는 관세음보살을 제불(諸佛)의 자비의 본질, 문수보살을 지혜의 본질, 금강수보살을 위력의 본질, 따라보살을 구제 활동의 본질이라 말합니다. 즉 부처님들은 자신의 광대무변한 자비를 우리들에게 알기 쉽게 표현하기 위해 관세음이라는 구체적인 화신을 만들어 낸 것입니다. 문수보살·금강수보살·따라보살에 대해서도 똑같이 말할 수 있습니다.

그러므로 이들 제존은 스스로의 경지에서는 부처님 그 자체인 것입니다. 단지 우리들을 구제하는 방편으로 우리 입장에서 이해하기 쉬운 보살의 모습으로 나타나 「관세음보살」·「문수보살」·「금강수보살」·「따라보살」이라 부르는 것입니다. 그러므로 경전에 관세음보살의 구제 활동이 설해져 있는 것은, 수행 중의 관세음보살이라기보다 부처님 그 자체의 구제 능력이 발휘된 것을 나타내고 있는 것으로 보아야 합니다.

■ 12장 내용을 더욱 상세하게 알기 위해 권하는 책
→ 《티베트 佛敎·菩薩行을 산다》게세 쏘남, 西村香 譯註/ 大法輪閣

13. 자비의 마음을 깊게 하는 수행
- 로종[修心, 마음의 훈련]

앞 장에서 대승불교나 밀교의 수행에서 가장 중요한 보리심에 대해 약간 살펴보았습니다. 보리심을 확립하기 위해서는 그 전제로서 자비의 마음이 반드시 필요합니다. 대승불교 사상에 근거한 순수한 자비심을 길러 가기 위해 티베트 불교에서는 「로종(bLo-sByong)」이라는 수행 전통이 있습니다.

로종이란 「마음의 훈련」이라는 의미입니다.

로종의 요점은 다음 두 가지로 설명할 수 있습니다. 첫째는 살아 있는 모든 이를 마음으로부터 소중하게 생각하는 것입니다. 둘째는 모든 나쁜 요소의 뿌리가 자기 애착에 있다는 점을 강하게 인식하는 것입니다.

예를 들어, 자식을 생각하는 부모의 마음은 매우 깊은 애정으로 가득 차 있습니다. 그러나 한편으로는 강렬한 자기 애착과도 연결되어 있으니다. 또한 어린 아이의 천진한 마음은 어른처럼 여러 가지 나쁜 것을 생각하지 않습니다. 그렇지만 본능적인 자기 애착의 영향 하에 있고, 나중에 더욱 커질 모든 번뇌의 싹을 이미 안고 있습니다.

이처럼 우리 인간의 마음은 자연 상태에서는 선의 요소와 악의 요소가 함께 복잡하게 얽혀 있습니다. 그러한 것을 풀어 정리하고 나쁜 요소인 자기 애착을 억제하여 선의 요소인 깊은 애정이나 순수한 마음만을 크게 키워 가기 위해서는 의식적으로 노력하지 않으면 안 됩니다.

성선설·성악설이라는 분류는 원래 불교에서 말하는 것이 아닙니다. "불교는 어느 쪽에 가까운가?"라고 굳이 묻는다면, 이중구조의 대답을 할 필요가 있습니다. 먼저 궁극적·최종적으로 불교는 성선설이라고 생각합니다. 왜냐하면 모든 중생은 불성을 갖고 있고, 인간에게는 선천적으로 훌륭한 마음가짐의 마음이라는 것이 있기 때문입니다. 더욱이 자비심과 보리심이라는 선한 마음은 불교 철학의 중요한 근거가 되고 있습니다.

다른 면에서 현실적·일시적으로는 성악설에 가깝다고 할 수 있겠지요. 왜냐하면 우리에게는 자기 애착이나 번뇌라는 강력한 습이 있어서 그 지배와 통제로부터 벗어나기가 쉽지 않기 때문입니다.

이런 모습을 직시하지 않고 성선설 쪽만 보고 있으면 자기 애착이나 번뇌를 쉽게 생각하고, 그것이 바로 눈앞에 현실적으로 도움이 되는 것처럼 보입니다. 하지만 선천적으로 실체시하는 습에서 생기는, 생존의 밑바닥에서 있는 「자기 애착」을 놓아두게 되면 여러 가지 선한 마음도 결국 겉치레로 끝나 버리고 모든 번뇌의 집요한 활동을 차단할 수 없게 됩니다.

그러나 그런 측면이 「일시적」이라는 의미는, 아무리 자기 애착이나 번뇌가 강대하다 하더라도 사실 그것은 바른 근거나 뿌리가 전혀 없는 것이기 때문입니다. 왜 그런가 하는 핵심적인 이유는 15장에서 밝혀 보겠습니다.

어쨌든 지금 말한 이중구조를 잘 이해할 수 있으면, 나쁜 요소를 근원에서부터 끊어 버리고 마음의 선한 자질을 순수하게 연마할 수 있는 길도 있습니다. 그리고 「자기 애착과 번뇌는 절대 허용하지 말고, 모든 이를 자애롭게 배려한다」라는 로종의 정신에 익숙해지게 되는 것입니다.

어디까지나 하나의 예이지만, 간단한 이미지 연습을 해 봅시다.

내가 싫어하고 미워하는 유해한 사람이 눈앞에 있다고 상상해 보십시오. 실재하는 인물을 떠올려도 좋고, 그렇지 않아도 괜찮습니다. 어쨌든 그 사람은 악의에 가득 찬 동기에서 나에게 위해(危害)를 가해 왔고, 이후에도 똑같이 할 것이 틀림없습니다.

그런데 그때 내가 갑자기 그 자리에서 쓰러졌다고 상상해 보십시오. 그러자 그 사람이 달려와서 보고는 나를 부축해 주고 구급차를 불러서 병원으로 데려갔습니다. 그 덕분으로 나는 목숨을 건질 수 있었다고 가능한 한 실감나게 상상해 보십시오.

　이러한 연습은 「어떤 사람이라도 자비의 마음을 가지고 있다」라든가, 「사람을 겉만 보고 판단해서는 안 된다」라는 교훈을 얻기 위한 것만은 아닙니다. 왜냐하면 그 사람이 도와주지 않을 수도 있고, 도와준다고 하더라도 나쁜 동기에서 할 수도 있으며, 또한 다시 위해를 가해 올지도 모릅니다. 어떤 것이어도 좋습니다.

　여기에서 중요한 것은 「도와줄 가능성도 있다」라는 이 점을 강하게 자각하는 것입니다. 즉 최악의 상대로부터도 은혜를 받을 가능성이 있다면, 그렇지 않은 사람들이나 중생으로부터는 더더욱 그럴 가능성이 크지 않을까요?

　이 이미지를 하나의 상징으로 해서 살아 있는 모든 이의 은혜에 대해 깊이 생각해 봅니다. 지금 우리의 생활도 다른 사람들이나 중생들의 도움으로 가능한 것입니다.

　대승불교 수행에 있어서도 마찬가지입니다. 살아 있는 모든 이를 대상으로 하지 않으면 자비심과 보리심 수행은 이루어질 수 없습니다. 베풀 상대가 없다면 보시바라밀 수행도 할 수 없습니다. 그리고 적이나 싫어하는 사람이 없으면 인욕바라밀 수행은 불가능합니다. 이 점이 특히 중요합니다.

　자신에게 위해를 가하는 상대는 인욕의 기회를 주고 있다는 점에서 대단히 드문 존재입니다. 생각해 보면 자신은 인욕 수행을 실천하여 부처님의 경지에 한 걸음 가까워졌지만, 그 사람은 악업의 갚음으로 장래에 고통을 짊어져야 합니다.

귀중한 수행의 기회를 준 은인이 고통의 늪에서 허우적거리고 있다면 그 고통이나 악업을 내가 대신 짊어져야 하지 않을까요?

나의 행복이나 공덕을 이 은인에게 주어야 하지 않을까요?

내가 부처님의 경지를 얻었을 때, 맨 먼저 이 은인을 구제해야 하지 않을까요?

진정한 대승불교 수행자라면 위해를 가한 상대에 대해 감사와 자비의 마음을 가질 수 있어야 합니다. 이처럼 일반적으로는 역경이라 생각되는 일조차도 수행에 적용한다는 점이 「로종」의 훌륭한 특징이라 할 수 있습니다.

물론 저처럼 낮은 차원의 수행자가 현실에서 가르침 그대로 행동한다는 것은 대단히 어렵겠지요. 그러므로 평소에 로종 명상을 거듭 쌓아서 조금씩 마음이 익숙해지도록 해야 합니다. 위해를 가한 적이라 하더라도 행복을 바라고 고통을 바라지 않는다는 점에서 나와 똑같습니다.

그리고 그 사람도 나 자신도 자기 애착이나 번뇌가 마음을 지배하고 있습니다. 그러한 자기 애착이나 번뇌로 인해 나에게 위해를 가하고 있는 것입니다. 이 경우 진정한 적은 자기 애착이나 번뇌이기에 내가 그 사람에게 화를 내는 것은 표적이 빗나간 것입니다.

물론 그 사람에게 나쁜 행을 그만두게 하거나 피해를 피할 수 있는 방법을 찾는 것도 필요하겠지요. 경우에 따라서는 강경한 말이나 표현을 취할 필요도 있을지 모릅니다. 그러나 그럴 때조차도 그 사람을 분노의 대상으로 여겨서는 안 됩니다. 진정한 적은 자기 애착이나 번뇌이기 때문입니다.

불교에서는 현재 자신이 경험하는 고통의 근본 원인은 과거에 자신이 쌓은 악업이라고 생각합니다. 그 악업은 자기 애착이나 번뇌에 이끌려 쌓아 왔던 것입니다. 지금 적의 위해로 인해 내가 고통 받고 있다면 그 근본 원인은 과거에 지은 나의 악업이고, 그로 인해 적은 지금 악업을 쌓고 장래에 고통을 받게 되는 것입니다.

그러므로 적과 나 사이에 가장 근원이 되는 진정한 적은 나의 자기 애착과 번뇌인 것입니다. 이것을 몇 번이고 반복해서 명상하여 마음이 점차 익숙해지게 되면, 적에 대해 화를 내는 대신 자비를 일으키게 되고 나의 자기 애착을 절대 허용하지 않겠다는 결의가 샘솟게 됩니다.

그러면 구체적으로 로종을 어떻게 수행하면 좋을까요?

한 가지 방법은 로종의 가르침을 잘 배워서 이해하고 그것을 다른 명상 수행에 응용하며, 실생활에도 살려 나가는 것입니다.

저는 매일 「육좌구루요가」 중에 자비와 이타를 명상할 때, 로종의 가르침을 상기하려고 애쓰고 있습니다. 만약 조금 본격적으로 수행할 경우는 로종의 구체적인 이미지를 명상합니다. 그 하나의 예로서, 「두 가지 바람에 싣는 똥렌」을 간단히 소개하겠습니다.

여기서 말하는 「두 가지 바람」이란 호흡을 말합니다.

「똥렌 gTong-len」은 다른 이의 나쁜 요소를 자신이 받고, 자신의 선한 요소를 다른 이에게 준다고 명상하는 수행입니다.

먼저 눈앞에 연로한 어머니의 모습을 떠올립니다. 이 「연로한 어머니」의 의미는 앞 장의 「인과의 일곱 가지 비결」 제5단계에서 설명한 것과 같은데, 여기서는 먼저 실제의 어머니가 업과 번뇌로 인해 고통 받고 있는 모습을 떠올립니다.

그리고 코로 숨을 내쉴 때 행복이나 공덕 등이 모두 흰색 광명으로 밖으로 나와서 어머니의 코를 통해 몸 안으로 들어간다고 명상합니다. 그로 인해 어머니의 마음은 기쁨으로 가득 찹니다.

이어서 자신이 숨을 들이쉴 때 어머니의 코에서 고통이나 번뇌 등이 모두 시꺼먼 오물의 형태로 밖으로 흘러나오고 그것을 자신의 코로 들이마신다고 명상합니다. 이 시꺼먼 오물의 흐름은 코에서 가슴 깊이 흘러 들어가 거기에 깃들어 있는 자기 애착을 먼지처럼 파괴해 버리는 것입니다. 이것은 실로 훌륭한 명상법입니다.

"나의 선한 요소를 모두 주는 것은 아깝다"라든가, "상대의 나쁜 요소를 모두 받아들이는 것은 무섭다"라고 느끼는 것은 자기 애착이 원인입니다. 시꺼먼 오물 같은 흐름이 자신의 몸속으로 흘러 들어오는 모습을 실감나게 떠올렸을 때, "아, 싫다"라는 거부 반응을 일으키는 것도 자기 애착의 작용입니다. 앞에서 살펴 본 것처럼, 이 자기 애착이야 말로 실은 자신과 다른 이 모두의 진정한 적인 것입니다.

시꺼먼 오물의 흐름으로 자기 애착을 파괴해 버리는 것은 바로 「독으로 독을 제거한다」라는 극적인 효과를 발휘합니다. 자기 애착이 파괴되었다면 시꺼먼 오물의 흐름을 혐오하는 기분도 없어지고 오래도록 습성이 되어 온 자기 중심적인 좁은 마음 또한 다른 이의 행복을 기뻐하는 넓은 마음으로 180도 방향 전환할 수가 있는 것입니다.

이러한 명상을 몇 번이고 반복해서 수행했다면, 대상을 어머니에서 다른 사람으로 순차적으로 넓히고 최종적으로는 살아 있는 모든 이를 상대로 수행합니다.

그런데 "이런 명상은 현실에 효과가 있는 것이 아니기도 하고, 단순히 관념의 유희와 같은 것이므로 무의미하지 않은가"라는 의문이 생길 수도 있습니다. 그러나 "현실의 효과가 아무 것도 없다"라고 말할 수는 없습니다.

왜냐하면, 현실 세계는 연기(緣起)라는 복잡한 인과관계 속에서 물질과 마음이 그물처럼 영향을 주고받는 가운데 미묘한 균형을 이루며 성립해 있기 때문입니다. 그러므로 마음을 담은 기도나 명상이 현실 세계에 전혀 영향을 미치지 않는다고는 절대로 단언할 수 없습니다. 당연히 좋은 영향이 있는 것입니다. 그렇지만 명상에서 떠올린 대로 어머니들의 고통이나 번뇌가 아주 간단히 없어진다고는 기대할 수 없겠지요.

4장에서 소개한 석가모니 부처님의 말씀을 기억해 주십시오.

"부처님은 사람들의 죄를 물로 씻어 주는 것이 아니고, 사람들의 고통을 손으로 뽑아내어 주는 것도 아니다. 또한 자기 자신의 깨달음을 다른 이에게 옮겨 주시는 것도 아니다."

부처님조차도 할 수 없는 일을 우리들이 할 수 있을 리가 없습니다. 로종 명상의 주된 목적은, 실제로 어머니의 고통이나 번뇌를 없애는 것이 아니라, 자신의 마음을 길들이는 것입니다. 그렇게 마음을 길들여 갈 때, 최종적으로는 부처님의 경지에 이를 수 있게 되고, 그런 가운데 어머니를 비롯한 모든 중생을 구제할 수 있게 되는 것입니다. 이것은 앞 장에서 보시바라밀의 의미에 대해서 생각한 것과 같은 의미입니다.

이상, 로종에 대해서 아주 간단하게 소개했습니다.

이 주제에 관해서는 읽을 수 있는 훌륭한 책들이 몇 가지 나와 있으므로 꼭 참조해 주시기 바랍니다. 로종 가르침의 의미는 간단합니다. 그러나 수행은 쉽지 않습니다. 처음부터 완벽한 것을 기대하게 되면 실망하기 쉽습니다. 어느 정도 긴장을 풀고 편안한 분위기에서 단계적으로 향상시켜 가는 자세가 중요합니다.

로종에 관한 책을 읽고 난 뒤의 감상으로 '의미는 잘 알겠는데, 하지만 도저히 실천할 수 없다'라는 생각은 절대 금구(禁句)입니다. 그래서는 아무 의미도 없습니다. 로종은 우리들의 마음을 실제로 훈련하기 위한 구체적인 방법론이기 때문입니다.

■ 13장의 내용을 더욱 상세하게 이해하기 위해 권하는 책
→ ①《티베트 密敎 마음의 修行》게세 쏘남, 藤田省吾/ 法藏館.
→ ②《달라이라마 다른 이와 共存하는 삶》田崎國彦, 渡邊郁子 共譯/ 春秋社

IV. 기초불교편

14. 고통에서의 해방을 구하여
 - 출리심(出離心)

 12장과 앞 장에서 대승불교 사상의 핵심이라 할 수 있는 보리심과 자비에 대해서 간단히 살펴보았습니다. 그러나 "다른 이를 위해, 살아 있는 모든 이를 위해 …"라는 대승불교의 숭고한 이상도, 일반 불교(소승불교)의 기반 위에 구축되지 않았다면 말 뿐인 위선이 되고 말 것입니다.
 지금까지 줄곧 "모든 중생을 구제한다"라고 했는데, 대체 "어떤 상태로부터 구제할 것인가"라는 점을 확실히 하지 않으면 안 됩니다. 그 상태가 자신이나 다른 이에 있어서도 감당하기 어려워서, 어떻게 해서든 벗어나고 싶은 절박한 상태가 아니면, 대체 무엇 때문에 다른 이를 구제한다는 것일까요?
 이 점을 생각해 보면 「고통」이라는 주제를 대하게 됩니다. 그다지 유쾌하지는 않지만, 이 문제를 회피한다면 자비심도 보리심도 단지 겉치레가 될 것입니다.

평범한 우리가 자비심과 보리심을 일으켜 구제해야 할 중생들은 「윤회」하는 세계에 생존하고 있습니다. 그래서 본 장에서는 윤회 세계의 모습과, 그 본질이 고통이라는 것, 그 상태에서 벗어나기를 바라는 「출리심」의 중요성에 대해, 불교의 가장 기본 원칙인 **「사성제(四聖諦)」**와 관련해서 살펴보겠습니다.

먼저 우리 중생이 윤회하는 존재라는 점은 이미 3장에서 검증했습니다. 이 윤회는 무한한 과거로부터 반복해 온 존재 방식입니다. 그러한 반복을 무한히 거듭해 왔기 때문에 우리들이 생존하는 장소도 한없이 넓습니다. 이렇게 살아 있는 모든 이가 태어남과 변화를 반복하는 그 무한대의 시간과 공간을 「윤회 세계」라고 합니다.

예를 들면, 금생의 저는 인간의 몸을 받아 태어났지만, 전생에도 이 모습이었는지는 알 수 없고, 인간으로 태어났었는지 조차도 알 수 없습니다. 우리는 윤회라는 무한한 태어남과 변화를 반복해 오는 동안 여러 형태의 중생으로 생존해 왔습니다.

그런 우리가 과거에 체험했거나 미래에 체험하게 될 생존의 양상을 불교의 전통에서는 일반적으로 여섯 가지로 나누어 설명합니다. 이것을 **「육도윤회」**라고 합니다.

먼저 육도 중에 가장 고통이 큰 세계가 **「지옥」**입니다.

전생이나 금생에서 아주 많은 악업을 쌓은 중생, 여러 가지 번뇌 중에서도 특히 분노[瞋恚]의 경향이 강한 중생이 내생에 지옥에 태어난다고 합니다. 지옥에도 몇 가지 단계가 있는데, 주로 뜨거움이나 차가움의 고통이 견디기 어려운 세계입니다.

우리는 몸의 일부에 화상을 입는 것으로도 엄청난 고통을 느끼는데, 그것과는 비교할 수 없고 상상할 수 없을 정도의 극심한 뜨거움을 지옥에서는 시종일관 계속 겪어야 합니다.

더욱이 지옥 중생의 몸은 연약해서 인간보다도 훨씬 통증에 민감하다고 합니다. 그렇다면 '바로 죽어 버리면 고통이 끝날게 아닌가?'라고 생각하겠지만, 지옥 중생은 하루 동안에 만 번 죽고 만 번 살아나는 소생을 반복하며, 인간의 일생보다도 훨씬 오랜 세월 동안 계속 고통을 받지 않으면 안 된다고 합니다.

지옥 다음으로 고통이 큰 세계가 「아귀」입니다.

전생이나 금생에서 많은 악업을 쌓은 중생, 여러 가지 번뇌 중에서도 아까워하고 인색한[慳貪] 경향이 강한 중생이 내생에 아귀로 태어난다고 합니다. 아귀에도 여러 종류가 있는데, 대체로 굶주림과 목마름의 고통을 견디기 어려운 세계입니다.

일반적으로 유령・도깨비・요괴・마물(魔物)・귀신이라 부르는 영적인 중생도 아귀의 일종입니다. 이 중에는 인간에게 빙의(憑依)하거나 여러 가지 해를 가하는 등 제법 강한 힘을 지닌 아귀도 있고, 굶주림이나 목마름의 고통이 한결같이 계속 이어지는 아귀도 있다고 합니다.

아귀 다음으로 고통이 큰 세계가 「축생」입니다.
전생이나 금생에서 어느 정도 많은 악업을 쌓은 중생, 여러 가지 번뇌 중에서도 특히 어리석음[愚癡]의 경향이 강한 중생이 내생에 축생으로 태어난다고 합니다. 축생의 주된 고통은 서로 잡아먹는 것입니다.
약육강식으로 큰 것이 작은 것을 잡아먹고, 기생충과 같은 형태로 작은 것이 큰 것을 갉아먹는다는 먹이사슬의 숙명을 지고 있는 세계입니다. 축생 중에는 용(龍)과 같이 보통 사람의 눈에 보이지 않는 동물도 포함됩니다.
그런데 육도윤회의 구조에서 식물은 어디에 들어갈까요?
사실은 어디에도 들어가지 않습니다. 식물은 의식을 가지고 있지 않고, 윤회도 하지 않습니다. 물론 식물에도 생명 조직이 있지만, 중유(中有)의 의식이 내생에 재생하는 근거가 되지 않는 것입니다. 이 책에서 「살아 있는 모든 이(일체중생)」라고 한 의미도 「의식의 근거로 되어 있는 중생 전부(일체유정)」라는 것이고, 식물은 그 중에 포함하지 않습니다.
이 지옥·아귀·축생의 세 가지를 「삼악취(三惡趣)」라고 하고, 육도 중에서도 고통이 큰 세계입니다. 이에 비하여 인간·아수라·천상의 세 가지를 「삼선취(三善趣)」라고 하고, 비교적 고통이 적은 세계라고 합니다.

「인간」은 삼악취에 비하면 훨씬 행복한 세계이지만, 행복도 있고 고통도 있는 상태입니다. 지금 우리가 인간의 삶을 얻은 것은 전생에 많은 선업을 거듭 쌓아 온 결과입니다. 전생에 쌓은 선업의 결과로 인간으로 태어났다고 해서, 금생에서 인간이 자동적으로 선한 행을 쌓는가 하면 그렇지는 않습니다.

이 점은 인간세계의 현실을 직시해 보면 분명하겠지요. 우리가 내생에도 인간으로 태어나기 위해서는 보시를 비롯한 많은 선업을 쌓아야 하고, 특히 계율을 잘 지키는 도덕적인 삶을 살아야 한다고 합니다.

인간세계도 이 지구(남섬부주)만이 아니라 하나의 소우주에 네 개의 주(洲)가 존재한다고 합니다. 그런 수많은 소우주가 모여서 -「빅뱅으로 탄생했다」라고 과학자가 설명하고 있는 것처럼 - 대우주(삼천대천세계)가 구성되어 있습니다. 그러나 불교의 세계관에서는 그 대우주도 무수히 존재하고, 그 우주는 제각기「공무(空無)→ 생성→ 유지→ 붕괴」라는 주기를 무한히 반복한다고 합니다. 그처럼 무수한 우주 안에 유지기간(住劫)으로 되어 있는 곳에는 육도의 세계가 존재한다고 합니다.

3장에서 설명한대로 중유의 몸은 어디라도 순간적으로 이동할 수 있기 때문에, 우리가 윤회할 때는 공간적인 제약이 전혀 없습니다. 어째서 그런가 하면 전생에 우리들은 몇 억 광년 저편의 우주에서 살고 있었는지도 모릅니다.

"그 따위 당치 않은 일은 있을 수 없다"라는 식으로 곧바로 부정하지 마십시오. 만약 그런 가능성을 전혀 인정하지 않으면 내생에 아미타불의 서방극락 정토에 왕생하는 것도 이론상 불가능하게 되고 맙니다.

「아수라」는 거의 천계에 가까운 중생입니다. 그러므로 아수라로 태어나는 데는 상당히 많은 선업과 공덕을 쌓아야 합니다. 그러나 그 공덕이 한 걸음 부족했기 때문에 천계에 태어날 수 없었던 것입니다. 그러므로 언제나 강렬한 질투심에 불타서 천계에 싸움을 걸지만 대개는 참패해 버린다고 합니다. 아수라에는 질투나 투쟁이라는 고통의 요소가 많지만, 기본적으로는 삼선취에 들어가므로 나쁜 세계는 아니라고 합니다. 윤회 세계를 다섯 가지로 분류할 때는 아수라를 천계에 포함합니다.

「천계」는 육도 중에서 가장 행복한 존재들인 신들이 사는 세계입니다. 불교에서는 신이 우주를 창조했다고는 인정하지 않습니다. 윤회 세계 중에서 인간보다도 훨씬 강대한 능력을 가지고 행복한 경지를 즐기며 사는 중생이 존재한다는 것은 인정하고, 그들을 「천」이라 합니다. 천신에도 제석천이 살고 있는 도리천 등 지상의 세계와, 도솔천11) 등 상공의 세

---

11) 도솔천[兜率天, Tusita-deva] 산스크리트어 Tusita-deva의 음역으로 욕계 육(六)천의 넷째 하늘에 해당한다. 도사다(覩史多)・도솔타(兜率陀)・도술(兜術)이라고도 쓰며, 상족(上足)・묘족(妙足)・선족(善足)・지족(知足)이라고도 번역하는데 수미산 꼭대기로부터 12만 유순 위에 있는 하늘이라고 한다. 또한 칠보(七寶)로 만든 아름다운 궁전이 있고, 한량없는 하늘 사람들이 살고 있다고 기록하고 있다. 여기

Ⅳ. 기초불교편 201

계가 있습니다.

상공의 천중에서도 상층은 「**색계**(色界)」라 하고 거친 욕망에서 벗어난 청정한 몸을 가진 신들이 깊은 명상 상태에 들어 있다고 합니다. 그 색계보다 더 깊은 명상 상태의 천을 「**무색계**(無色界)」라고 하는데, 거친 몸에서 벗어난 마음만의 존재이므로 구체적인 장소를 설정할 수는 없습니다. 또한 색계보다도 하층의 천·아수라·인간·축생·아귀·지옥은 모두 합쳐서 「**욕계**(欲界)」라고 합니다.

욕계·색계·무색계를 합친 「삼계(三界)」는 육도윤회의 전체와 같은 범위가 됩니다. 천계에 태어나려면 아주 많은 선업과 공덕을 쌓아야 합니다. 또한 색계나 무색계의 천계에 태어나려면 선업과 공덕에다 깊은 명상 상태에 들어가는 능력이 필요하게 됩니다.

인간계에도 불교도와 그렇지 않은 사람이 있는 것처럼, 천신에도 부처님께 귀의한 천신과 그렇지 않은 천신이 있습니다. 보살이나 밀교 수행자가 천신의 몸을 얻어 태어난 경우는 처음부터 불교의 천으로서 존재할 수가 있겠지요. 그러나 그렇지 않은 경우, 천신이 불교에 귀의하는 것은 상당히 어렵다고 합니다.

에 내원(內院)·외원(外院)이 있으니, 외원은 일반 천중(天衆)의 욕락처(欲樂處)이고 내원은 미륵보살의 정토(淨土)를 말한다. 사바세계에 나는 모든 부처님은 반드시 이 하늘에 계시다가 성불한다고 하는데 이 하늘 사람의 키는 2리, 옷 무게는 1수(銖) 반, 수명은 4천세. 인간의 4백세가 이 하늘의 1주야라 한다.

왜냐하면 천신에게는 고통이 거의 없고 만심(慢心)이 매우 강하기 때문입니다. 부처님의 화신인 분노존의 활동으로 천신이 부처님 가르침에 귀의했다는 이야기는 밀교 경전에 많이 나오고 있습니다.

그렇게 하여 부처님께 귀의하고 부처님의 가르침과 수행자를 수호하겠다고 굳게 맹세한 천신을 「호법존」이라 합니다.

호법존 담첸 최갤

티베트 불교에는 염마천(담첸츄겔)이나 대흑천(마하깔라) 등 인도에서 유래한 호법존과 티베트 토착신에서 유래한 호법존도 있습니다.

이상 육도윤회에 대해 살펴보았는데, "이런 것은 지나치게 전통적인 표현이라서 좀처럼 실감나게 받아들이기 어렵다"라고 느끼는 독자도 있을 것 같습니다. 그럴 경우 다음과 같이 생각해 보는 것이 좋겠지요.

먼저 3장에서 말한 것처럼, 최소한 윤회를 사실적인 존재로 받아들이지 않으면 얘기가 안 됩니다. 하지만 윤회의 세계를 반드시 「육도」라는 분류로 정식화할 필요는 없다고 봅니다. 그 대신 다음 포인트는 확인해 둡시다.

우리가 전생에 체험했고 내생에 체험할 세계는 지구의 인간이나 동물만이 아닙니다. 우주에는 지금 우리가 직접 지각할 수는 없어도 여러 세계가 무수히 존재합니다. 그들은 한없이 고통이 큰 세계에서 거의 고통을 느끼지 않는 세계까지 실로 다종다양한 존재입니다. 내생에 어떠한 세계에 태어나는가는 현재 우리의 행위(업)에 달려 있으므로 가능한 한 악업을 피하고 조금이라도 선업을 쌓으려는 마음가짐이 필요합니다.

이러한 육도윤회를 전제로 보리심을 일으키기 위해 꼭 필요한 출리심에 대해 검토해 봅시다. 그러기 위해서는 사성제의 가르침을 아는 것이 도움이 되리라 생각합니다.

「**사성제**(四聖諦)」란, 석가모니 부처님이 최초의 설법에서 밝히신 네 가지 진리로서, 모든 불교의 기반이 되는 구조입니다.

첫째의 **고제**(苦諦)는 「윤회 세계의 본질은 고통이고, 그것을 알아야 한다」라는 진리입니다.

둘째의 **집제**(集諦)는 「고통의 원인은 업과 번뇌이고, 그것을 끊어야 한다」라는 진리입니다.

셋째의 **멸제**(滅諦)는 「번뇌를 끊으면 고통을 소멸할 수 있으므로 그 경지를 실현해야 한다」라는 진리입니다.

넷째의 **도제**(道諦)는 「공성의 직감적인 이해에 근거한 바른 수행으로 번뇌를 끊을 수 있으므로 그 길을 수행해야 한다」라는 진리입니다.

《반야심경》에서 「고집멸도가 없다[無苦集滅道]」라고 설하고 있으므로, 대승불교에서는 사성제를 부정한다는 생각은 전혀 잘못된 것입니다. 《반야심경》에서 말하는 의미는 10장에서 「이 책의 실체성을 철저히 규명해 나가면 아무것도 얻을 수 없다」라는 설명과 같습니다.

아무리 성스러운 진리라 하더라도, 실체성을 규명해 보면 아무 것도 얻을 수 없습니다. 그러나 이 책이 단순히 존재하는 것과 마찬가지로, 사성제도 진리로서 「단순히 존재하는 것」은 확실합니다.

그런데 출리와 관련해서 생각해 보면, 사성제 중에서도 먼저 고제를 잘 알 필요가 있습니다. 「고제(苦諦)」의 의미를 간단히 말씀 드리면, 「윤회 세계의 본질은 고통 이외에는 아무 것도 없다」라는 것입니다.

삼악도가 고통의 세계라는 점은 앞에서 언급한 대로입니다. 아수라에는 천계와의 전쟁에서 항상 패배하는 고통이 있습니다. 욕계의 지상에 있다고 하는 천상에도 아수라와의 전쟁으로 괴로워하는 고통이 있습니다. 그리고 인간의 고통은 우리 자신이 잘 알고 있습니다. 가령 현재 행복한 상황이라 하더라도 그것을 잃어버리는 것에 대한 공포 자체가 고통이 되겠지요.

불교 전통에서는 생로병사의 「네 가지 고통[四苦]」을 말합니다. 「생」이 고통이라는 의미는 태어날 때의 고통, 태어나는 것도 스스로 선택할 수 없는 것, 그리고 윤회라는 고통의 세계에 태어나는 것이라 합니다. 생로병사에 대해서는 더 설명할 것도 없겠지요. 또한 미워하는 대상과 만나는 고통[怨憎會苦], 애착하는 대상과 헤어져야 하는 고통[愛別離苦], 구하는 것을 얻지 못하는 고통[求不得苦] 등도 인간 생활에서 흔히 체험하는 것입니다.

생로병사의 네 가지 고통[四苦]에, 이 세 가지와 나중에 설명할 행고(行苦)와 같은 의미인 오취온고(五聚蘊苦)를 더한 것을 인생의 여덟 가지 고통[八苦]이라고도 합니다. 「사고팔고(四苦八苦)」라는 말은 여기에서 유래한 것이고, 인생의 고통을 표현하는 말입니다.

고통을 분류하는 다른 방법으로는 고통의 고통[苦苦], 변화의 고통[壞苦], 보편적인 고통[行苦]이라는 삼고(三苦)가 있습니다.

「**고통의 고통**」이란 육체나 정신의 직접적인 고통입니다. 삼악취에서는 처음부터 끝까지 계속 이 고통을 겪지 않으면 안 되고, 인간도 이 고통에서 피할 수 있는 것이 아닙니다.

「**변화의 고통**」이란, 처음에는 행복으로 체험한 것이 나중에 고통으로 되는 것입니다. 예를 들면, 쾌적한 냉방도 냉기가 계속되면 춥게 되고 몸의 균형이 무너지는 일도 있겠지요. 맛있는 음식도 너무 많이 먹으면 고통스럽게 되고, 질병의 원인이 되기도 합니다. 실로 인간 세상에서 체험하는 행복의 대부분에는 「변화의 고통」의 본질이 숨어 있는 것입니다.

「고통의 고통」이 거의 없는 천계[天]라 하더라도, 그 행복 자체의 본질은 「변화의 고통」에 지나지 않습니다. 왜냐하면 오로지 행복을 향유하고 있는 동안에 긴 수명이 언젠가 다하게 되고, 다시 지어 놓은 복이 없으므로 삼악취에 떨어지지 않으면 안 되기 때문입니다. 그런 운명이 바로 앞에 닥쳤을 때 그것을 알게 된 욕계 천신들의 정신적 고통은 지옥의 고통보다도 더 고통스러운 것이라 합니다.

「보편적인 고통」이란, 업과 번뇌에 의해 성립되어 있는 윤회 세계의 존재 그 자체이고, 「고통의 고통」은 번뇌에 의해 야기된 악업의 직접적인 결과이며, 「변화의 고통」은 번뇌를 단멸하지 않는 이가 쌓은 선업의 간접적인 결과입니다.

즉 첫째 문제는 뭐라 하더라도 「문제의 존재」입니다. 마음에 번뇌가 있는 한 모든 행위의 결과는 - 일시적인 행복을 실현하더라도 - 최종적으로 고통으로 돌아갑니다. 「보편적인 고통」은 이것을 가리킵니다.

색계나 무색계의 천이 깊은 명상 상태에 들어 거친 고락의 체험에서 벗어났을 때는 「고통의 고통」이나 「변화의 고통」은 일시적으로 멈춥니다. 하지만 「보편적인 고통」의 본질은 그대로 남아 있으므로, 안정된 명상 상태를 유지하는 힘이 언젠가 다하게 되면, 이윽고 삼악취에 떨어지지 않으면 안 되는 것입니다.

「보편적인 고통」을 고통으로 인식하는 것은, 모든 종교나 철학 사상 중에 불교밖에 없습니다. 이것을 고통으로 인식하지 않으면, 무색계의 깊은 명상 상태를 해탈이나 깨달음이라고 착각해 버리게 됩니다. 이 「보편적인 고통」의 의미를 바르게 앎으로써 「윤회 세계의 본질은 고통 그 자체다」라는 고제(苦諦)를 진정으로 이해할 수 있습니다.

사성제의 나머지 세 가지에 대해서 간단히 살펴봅시다.

「집성제」의 의미는 「고통의 원인과 조건을 규명해 보면 업과 번뇌에 귀착한다」라는 것입니다. 번뇌 중에서도 가장 근원적인 것은 공성에 관한 무지(無明), 실체시하는 습관, 즉 아집(我執)입니다. 아집에 의해 탐욕과 성냄 등의 모든 번뇌가 생기고, 번뇌에 의해 악업 등 잘못된 행위를 거듭 쌓게 되며, 그 결과로 여러 가지 고통을 체험하게 됩니다.

이 과정은 불교 철학 전통에서는 「12연기」로서 정리되어 있습니다. 이에 대해서는 여기에서 깊이 해설할 여유는 없지만, 사성제와 함께 불교의 기초 교리로 된 것입니다.

「멸성제」의 의미는, 「어떤 번뇌를 근절했다면 그 번뇌에 기인하는 고통은 영원히 지멸되어 다시 생기지 않는다」라는 것입니다. 이것은 앞에서 언급한 색계·무색계의 심원한 명상 상태처럼 일시적인 고통의 지멸이 아닙니다.

그리고 모든 번뇌에 대해 이것을 달성할 수 있으면 윤회 세계의 속박에서 완전히 벗어나 모든 고통을 영원히 지멸할 수 있는 것입니다. 소승불교의 조직에서는 그런 상태를 「해탈」 또는 「열반」이라 하고, 그것을 실현한 수행자를 「아라한」이라 합니다. 이것이 소승불교 수행길의 순서입니다.

한편 대승불교의 구조에서는 매우 높은 경지의 보살(淸淨三地)로 된 단계에서 아라한과 같이 모든 번뇌를 근절하고 윤회의 속박에서 자유롭게 됩니다. 그러나 보살은 더욱 수행을 계속하여 번뇌를 근절한 뒤에도 남아 있는 영향(소지장)을 모두 끊고 부처님의 깨달음을 실현하는 것입니다. 이 부처님의 경지를 「무주처열반(無住處涅槃)」이라 합니다.

「**도성제**」의 의미는 「공성을 직감적으로 이해하고 있는 지혜에 근거하여 바르게 수행했다면, 번뇌를 근절할 수가 있다」라는 것입니다. 어떻게 그것이 가능한가 하면, 공성을 직감적으로 이해하고 있는 지혜에 의해 아집을 단멸할 수가 있고, 아집이 끊어지면 탐욕이나 성냄 등 모든 번뇌가 생기지 않기 때문입니다.

이러한 사성제의 이해를 근본으로 하여, 고통의 세계인 윤회의 생존을 마음 깊은 곳에서부터 싫어하고, 「어떻게 해서라도 윤회 세계에서 해탈하고 싶다」라는 강한 생각을 일으키는 것이 「**출리심(出離心)**」입니다. 불교의 본격적인 수행은 이 출리의 마음을 내는 순간부터 출발하는 것이라 해도 결코 지나친 말이 아닙니다.

일반적으로 선업을 많이 쌓는 것으로 내생에 삼선취에 태어날 수 있다고 합니다. 가령 선업만으로는 자신을 윤회에 얽어매는 인(因)이 되어 버립니다. 그러나 순수한 출리의 마음에 의해 쌓은 선한 행위는 자신을 윤회에서 해탈시키는 인이 되는 것입니다. 이러한 선한 행을 불교 용어로 「**자량**(資糧)」이라 합니다.

또한 이 장의 첫머리에서 언급한 것처럼, 출리가 없으면 진정한 보리심도 성립할 수 없습니다. 다른 이의 구제를 첫 번째로 내세우고 자비심과 보리심의 훌륭함을 강조한 나머지, 자기 자신의 해탈을 구하는 출리심의 의의를 과소평가하거나 경우에 따라서 부정적으로 이해하는 견해도 있는데, 그것은 대단히 잘못된 것입니다.

자기 자신에게 윤회의 고통을 싫어하는 생각이 없고서 대체 어떻게 다른 이의 고통을 생각할 수 있을까요? 자비심과 보리심을 명상할 때는, 반드시 그 바탕에 출리심을 안고 수행해야 합니다.

다음과 같은 점에 대해서도 유의할 필요가 있습니다.

대승불교와 인연이 있는 수행자는 진정으로 출리심을 내었다면 가능한 한 빨리 보리심도 생기도록 노력해야 합니다. 만약 출리심만 내고 보리심을 내지 않으면 단지 번뇌의 고가 지멸된 경지에는 도달할 수 있습니다.

번뇌나 고통이 전혀 없는 행복은 누리겠지만, 부처님처럼 다른 이를 마음대로 구제할 수 있는 능력은 없습니다. 지복의 평안을 얻고 나서 보리심을 내고 보살의 수행에 들어가는 것이 전혀 불가능한 것은 아닙니다.

살아 있는 모든 이에게 부처님이 될 가능성, 즉 불성이 있기 때문입니다. 단지 지극한 평안을 누리는 이가 아라한이 보리심을 내어 보살의 수행을 하기 위해서는 지극히 오랜 시간이 필요합니다. 왜냐하면 이미 고통이 전혀 없으므로 굳이 다시 수행을 할 동기를 형성하기가 어렵기 때문입니다.

그러므로 대승불교와 인연이 있다면 가능한 한 빨리 단계적으로 보리심을 내도록 특히 유의해야 할 것입니다. 순수한 보리심을 일으켰다면 아무리 작은 선행이라 하더라도 - 예를 들면, 강아지에게 먹이를 주는 일조차도 - 자신이 미래에 부처님의 경지를 얻기 위한 자량이 되는 것입니다.

■ ① 사성제에 대해 더욱 자세하게 알기 위해 권하는 책
　→ 《달라이라마의 佛敎哲學講義》福田洋一 譯/ 大東出版社
■ ② 12緣起에 대해서 더욱 상세히 알기 위해 권하는 책
　→ 《달라이 라마의 佛敎入門》石濱裕美子 譯/ 光文社(文庫版)

15. 삼악취에의 길을 끊는다
- 인과(因果)와 십불선(十不善)

앞 장에서 "윤회 세계의 본질은 고통 이외에 아무 것도 없다"라고 분명히 아는 것과, "그런 윤회 세계에서 해탈하고 싶다"라고 원하는 출리심의 중요성을 살펴보았습니다. 그런 가르침도 단순히 지식으로 이해하는 것이 아니라, 자신의 수행적인 입장에서 생각해야 합니다.

처음 단계에서는 내생에 삼악취에 떨어지지 않도록 한다는 것이 가장 중요합니다. 만약 삼악취에 떨어지면, 상상을 초월하는 고통의 연속이므로 불교를 공부하거나 수행할 수 있는 가능성은 거의 없겠지요.

그런데 현재의 자신의 삶을 정직하게 돌아다보면 - 출리심이나 보리심으로가 아니라 - 내생에 삼악취에 떨어질 원인이 되는 악업만 쌓고 있을 것입니다. 그러니 어떻게 하면 삼악취에 떨어지는 사태를 피할 수 있겠는가를 진지하게 생각할 필요가 있습니다.

그러므로 먼저 인과에 대해 바른 견해를 확립해야 합니다. 그것은 간단히 말하면, 「선인락과, 악인고과」라는 것입니다. 즉 선한 행(선업)을 쌓으면 행복을 얻을 수 있고, 악한 행(악업)을 쌓으면 고통을 당하지 않으면 안 된다는 인과의 확실성입니다. 이것을 바르게 이해하고 진정으로 납득하는 것이 삼악취에 떨어지는 사태를 피하는 첫걸음이 됩니다.

그렇다고는 하더라도 그것을 간단히 납득할 수는 없을 것입니다. 정직한 자가 어이없는 일을 당하고, 악인이 계속 단물을 빨고 있는 사례는 동서고금을 통해 태산만큼 많겠지요. 이런 현실을 보고 교리에 대한 확신이 흔들리는 것은 아직 수행자로서 미숙하다는 증거입니다.

그러면 어떻게 생각하면 좋을까요?

선악행의 인과관계를 고찰하는 데는 특히 다음의 두 가지를 고려해야 합니다. 먼저 실제의 인과는 매우 복잡하다는 점입니다.

예를 들면, 「선한 행→ 행복」이라는 인과는 확실하다 하더라도, 결코 그것만으로 독립해서 완결되어 있는 것이 아닙니다. 거기에는 여러 가지 조건, 다른 인과관계가 복잡하게 얽혀 있고 가느다란 그물 같은 상태로 되어 있어서 「선한 행→ 행복」이라는 관계를 바로 보기가 어렵게 되어 있습니다. 그러므로 그 그물을 풀려면 극단적으로 단순화한 본보기를 생각해야 합니다.

예를 들면, 어느 직장에 정직한 A와 그 반대의 B가 있다고 합시다.

만약 다른 조건이 모두 같다면 A는 모두 좋고, 유형무형의 이익을 얻을 수 있겠지요. B는 그 반대일 것입니다.

그런데 거기에 다른 몇 가지 조건 - B는 매우 높은 실무 능력을 가지고 있다든가, B는 창업자의 가족이라든가 - 이 더해지면 상황은 좀 복잡하게 됩니다. 그러나 A의 입장에서 - B와 비교는 어떻더라도 - 정직한 사람으로 통하는 쪽이라는 것은 변함이 없을 것입니다.

현실 사회는 훨씬 더 복잡하여 알기 어렵게 되어 있지만, 기본적으로는 이 예를 응용할 수 있다고 봅니다. 즉 실생활에서 인과의 확실성이 보이지 않을 때 「선한 행을 명심해도 무의미한 것이 아닌가」라고 생각하는 것은 B가 다른 조건 덕분에 우대 받고 있는 줄을 모르고 A가 「정직하게 일해도 아무 것도 얻은 게 없다」라고 착각하는 것과 같습니다.

둘째는, 선악행의 인과가 완결되려면 매우 오랜 시간을 필요로 하는 경우도 있다는 점입니다. 이것도 극단적으로 단순화한 도식으로 생각해 봅시다.

예를 들면, 고객을 속이는 장사를 하면 단기적으로는 이익을 올릴지도 모릅니다. 그러나 장기적으로 보면 결국은 누구도 상대할 수 없게 되어 버리므로 도리어 손해가 되겠지요. 자칫 잘못하면 형무소에 갈지도 모릅니다. 현실 사회는 복잡하므로 「나쁜 행→ 고통」이라는 인과가 일생 동안에 성립되지 않고, 바로 다음 생이나 아니면 몇 번의 생을 바꾼 뒤로 넘어가는 경우도 있습니다.

이런 방법으로 공부하면, 인과 관계의 확실성을 어느 정도 추론할 수 있으리라 생각됩니다. 진지하게 잘 관찰해 보면 경험적으로 다소 실감할 수 있는 느낌도 있습니다. 어중간하게 인생 경험을 쌓아 온 사람은, 정직한 자가 어이없는 꼴을 당하고, 악인이 계속 단물을 빨고 있는 측면만 보아 버릴 경향이 있을지도 모릅니다. 그러나 풍부한 인생 경험을 쌓아 온 나이 많은 분들 중에는 「선인락과, 악인고과」라는 인과를 마음속 깊이 납득하고 있는 경우도 많지 않을까요?

그러나 선악 인과의 확실성을 총체적으로 납득하게 되었다 하더라도, 개개인의 인과관계 모두를 꿰뚫어 보는 것은 우리들로서는 불가능합니다.

예를 들면, 지금 독자 중에 어떤 선한 행을 했더라도 그 결과는 언제 어떠한 형태로 나타날 수 있을까요? 작은 예를 말해 본다면, 무더운 여름에 잠시의 시원함을 느끼는 것조차도 과거에 뭔가의 선업의 덕분이라고 하는데, 그것은 대체 어떤 행일까요?

그런 인과를 구체적으로 대답할 수 있는 분은 부처님뿐입니다. 왜냐하면, 현실의 인과는 너무나 복잡하고 기간이 오래 걸리는 경우도 있기 때문에 모든 것을 다 아시는 부처님 이외에 도저히 꿰뚫어 볼 수 없는 것입니다. 그러므로 인과의 확실성에 대해 완벽하게 납득하려고 해도, 마지막 단계에서는 석가모니 부처님에 대한 전면적인 신뢰가 불가결한 것입니다. 이 점은 다음 장의 주제인 귀의와도 관련이 있습니다.

그래서 먼저 중요한 것은 석가모니 부처님의 가르침인 불교를 잘 배우고 내용을 철저하게 음미하는 것입니다. 오감으로 확인할 수 있는 일에 대해서는 오감의 올바른 직감 인식과 모순되지 않는가, 논리적으로 증명할 수 있는 일에 대해서는 올바른 추론 인식과 모순되지 않는가, 그 어느 쪽으로도 확인할 수 없는 일에 대해서는 말의 전후에 모순이 없는가 등등.

이러한 점을 철저하게 음미하고, 어디에도 모순의 여지가 없다고 납득할 수 있을 때, 그 가르침에 대한 완벽한 신뢰가 확립됩니다. 그렇게 신뢰할 수 있는 가르침 중에 석가모니 부처님이 「선악의 인관 관계의 확실성」을 말씀하고 있는 것이라면 우리는 그것을 진정으로 납득하고 믿을 수가 있을 것입니다.

석가모니 부처님에 대한 완벽한 신뢰를 확립하고 나서 선악의 문제에 대한 가르침을 탐구해 봅시다. 먼저 총론으로, 석가모니 부처님은 "모든 나쁜 일을 하지 말고, 모든 선한 일을 행하라"라고 설하고 있습니다.

그러면 구체적으로 「나쁜 일」이란 무엇일까요?

일반적인 구조에서는 **「십불선」**이 설해져 있습니다.

먼저 몸에 의한 불선으로는, ① 생물을 손상시키거나 죽이는 것[殺生], ② 자기가 얻을 권리가 없는 물건을 훔치는 것[偸盜], ③ 올바르지 않은 성행위를 하는 것[邪淫]의 세 가지가 있습니다.

그리고 언어(말)에 의한 불선으로는 ④ 거짓을 말하여 속이는 것[妄語],

⑤ 두 개의 혀, 즉 이간질을 하여 불화를 가져오는 것[兩舌], ⑥ 거친 말을 하여 상처를 주는 것[惡口], ⑦ 쓸데없는 잡담으로 시간을 낭비하는 것[綺語]의 네 가지가 있습니다.

더욱이 마음에 의한 불선으로는, ⑧ 아까워하거나 욕심내는 마음을 일으키는 것[慳貪], ⑨ 화내거나 미워하는 마음을 내는 것[瞋恚], ⑩ 인과의 확실성이나 선악의 구분에 대해 잘못된 생각을 내는 것[邪見]의 세 가지가 있습니다.

이러한 십불선이 완전히 성립하기 위해서는, 먼저 대상[事]·생각[意樂]·실행[加行]이라는 세 가지 요소가 필요합니다. 생각에는 대상을 식별하여 떠올리는 것[想], 그것에 대해 불선을 행하려는 생각을 일으키는 것[等起], 그 원인으로 되는 나쁜 마음[煩惱]이라는 세 가지 측면이 있습니다.

실행에는 불선의 행위 그 자체[體]와 그것이 완성되는 것[究竟]이라는 두 가지 측면이 있습니다. 예를 들면, 살해 할 대상의 생물이 존재하고, 그것을 식별하여 떠올리고, 분노 등의 번뇌에 충동되어, 그것을 죽이려고 생각하고, 실제로 자기가 죽이든가 아니면 다른 이를 시켜 실행하여 그 생물이 자기보다 먼저 죽었을 때, 살생이라는 불선은 완전한 형태로 성립합니다.

이러한 십불선 성립의 조건 중에서도 특히 중요한 것이 원인으로 되는 번뇌입니다. 그 번뇌를 모으면 탐냄·성냄·어리석음의 세 가지로 되고, 탐냄과 성냄을 방치해 내버려 두는 것도 결국 어리석음에 기인합니다. 그러므로 십불선을 억제하기 위해서는 인과의 확실성이나 선악의 구별에 대해 바르게 배우고 마음 깊이 납득하는 것이 중요합니다.

더 깊이 생각해 보면, 어리석음은 공성에 대한 무지에 연결되어 있습니다. 물론 공성을 바르게 이해하고 있지 않는 그 자체는 십불선은 아닙니다. 그러나 공성에 대한 무지, 실체시하는 습관, 아집에 의해 탐욕이나 성냄이 일어난다고 하는, 이 점이 매우 중요합니다.

예를 들면, 제가 맛있는 요리에 욕심과 집착하는 마음을 일으키고 있다고 합시다. 그때 저 자신은 「요리에 대해 집착하고 있다」라고 자각하고 있지만, 사실 그것은 착각입니다.

먼저, 저는 시각의 의식에 의해 요리의 색깔이나 모양을 지각하고, 후각의 의식에 의해 그 향기를 지각하고, 실제로 먹었을 때 미각의 의식에 의해 그 맛을 지각합니다.

그때 "맛있다"라는 행복감을 감수하는 마음의 작용이 생깁니다. 이 미각의 감수 작용의 대상은 「단순한 존재」인 요리의 단순한 속성인 맛입니다. 그런 「단순한 존재」·단순한 속성은 일상의 상대적인 차원에서 확실히 성립해 있습니다. 이것은 긍정해야 할 것입니다.

그리고 저는 이러한 오감의 의식에 의한 정보를 바탕으로 자신이 가지고 있는 여러 가지 음식의 개념과 결부시키고, 의식에 의해 "이것은 이런 요리다"라는 분별이 생기는 것입니다.

문제는 여기서 부터입니다. 저는 선천적인 실체시의 습관에서, 「단순한 존재」이고, 먼저 「이러한 요리이다」라고 분별한 그 대상에 자상(自相)이라는 실체성을 허구해 버리는 것입니다.

실체시의 습관이란, '이 맛있는 요리를 맛있게 하는 본질적인 요소가 그 자체에 있다'라고 자연스럽게 생각해 버리는 것을 말합니다.

자상(自相)이란, 그런 생각이 향해 있는 대상입니다. 만약 이런 설명이 이해하기 어려우면 10장을 복습해 주십시오. 어쨌든 이렇게 하여 자상을 허구함에 의해 이 요리가 맛있다든가, 훌륭하다고 하는 것들도 모두 자상으로서 성립하게 됩니다. 그와 같이 자신이 좋아하는 자상에 대해 나의 탐욕이나 집착의 마음은 지향하고 있는 것입니다.

긍정할 수 있는 「단순한 존재」에 대해서가 아니라, 그 위에 허구된 부정해야 할 자상, 실제로는 전혀 존재하지 않는 실체성에 대해 나의 탐욕이나 집착의 마음은 지향하고 있다는 이 점이 매우 중요한 것입니다.

그리고 또 하나 잊어서는 안 될 것은, 이런 식으로 탐욕이나 집착 등 번뇌의 마음을 일으키고 있을 때에는 자기 자신에게도 커다란 실체성을 허구하고 있다는 점입니다. 즉 '내가 좋아하는 것을 내 손에 넣자'라는 식으로 "내가, 내가…"라는 마음이 고양되어 있는 상태입니다.

물론 자기 자신에게 허구되어 있는 실체성도 사실은 전혀 존재하지 않는 것입니다. 그러나 이것을 허구하기 때문에 모든 악의 근원이 되는 자기 애착도 생깁니다.

쫑카파 대사를 중심으로 하는 람림 집회수

자기 애착은 자기 자신에게 허구된 「전혀 존재하지 않는 실체성」에 봉사하기 위해 요리에 「전혀 존재하지 않는 자상」을 허구하고, 그것을 대상으로 탐욕과 집착의 마음을 일으키고 있는 것입니다.

그러므로 탐욕이나 집착의 마음에서 대상을 아무리 규명해도 결코 진정한 만족은 얻을 수 없는 것입니다. 소금물을 마시면 마실수록 갈증이 나는 것처럼, 욕심내면 낼수록 불만이 강해져 간다고 하는데, 그 진정한 이유는 욕심내는 마음이 지향하고 있는 대상이 실은 「전혀 존재하지 않는 자상」이기 때문입니다.

탐욕이나 집착의 마음은 종이에 떨어진 한 방울의 기름과 같다고도 합니다. 처음에는 별다른 영향이 없는 것처럼 보이지만, 서서히 넓어져 가서 결국은 종이에 전부 퍼져 버립니다. 이것은 작은 탐욕의 마음이라 하더라도 「존재하지 않는 자상」을 한결같이 계속 따라가도 결코 만족하는 것 없이 단계적으로 확대되는 것이므로, 결국은 그것에 의해 몸을 망치 버린다는 비유입니다.

성냄이나 미움은 종이를 태우는 불처럼 격렬한 마음인데, 자상을 허구하고 나서 발생하는 방식은 같습니다. 번뇌의 마음은 모두 이 구도를 따라서 「전혀 존재하지 않는 자상」에 지향하고 있는 것입니다.

이러한 구조를 잘 이해하면, 13장에서 「자기 애착이나 번뇌는 바른 근거를 전혀 가지고 있지 않다」라고 말한 깊은 의미를 볼 수 있겠지요.

「전혀 존재하지 않는 실체성에 지향하고 있다」라는 점은 이른바 번뇌의 아킬레스건이라고도 할 수 있는 최대의 약점입니다. 공성을 추론적으로 바르게 이해하면 이 약점을 집중 공격하여 강대한 번뇌의 힘을 약화시키는 것도 가능하겠지요.

물론 현실에 번뇌와 대결하는 것은 쉽지는 않습니다. 그러나 이러한 이론을 잘 알고 있으면 번뇌의 강렬한 충동을 단지 눌러두고 너그럽게 봐주는 경우보다도 좀 더 현명하게 대응할 수 있으리라 생각됩니다.

예를 들면, 분노의 감정이 생길 때 - 그 자리에서 어려우면 좀 떨어진 곳에 서라도 - 마음의 작용을 그리는 것처럼 생각합니다. 자신과 상대에 실체성을 허구하고, 허구된 자신의 실체성을 지키기 위해, 허구된 상대의 실체성에 공격적인 분노를 향하고 있는 과정을 가능하면 선명하게 상기합니다. 그래서 자신과 상대의 실체성의 정체를 추구하는 것에 마음을 집중하고, 그 정체는 허공처럼 아무 것도 없다고 강하게 상상해 보십시오.

그 순간, 지금까지 드세게 일어나던 분노의 마음은 근거와 장소를 모두 잃고 스스로 존재하는 의미가 하나도 없다는 것을 알게 됩니다.

지금의 저와 같은 수준에서는 이렇게 하여 번뇌를 약화시켜 가는 정도 밖에 할 수 없지만, 공성의 직감적인 이해를 얻었을 때는 그 힘으로 번뇌를 뿌리까지 퇴치할 수 있는 것입니다. 이와 같이 공성의 이해라는 요소를 가지고 오는 것으로 번뇌와의 싸움에서 승리하는 길이 열리고, 모든 번뇌에 기인하는 십불선의 억제도 쉽게 됩니다.

십불선의 근본이 되는 「인관 관계의 확실성에 대한 잘못된 생각」도 공성의 이해를 철저하게 하는 것으로 배제할 수 있습니다. 이 점은 중관철학의 가장 미묘한 부분이고, 공성과 연기의 설명을 더 상세하게 파고 들어 가야 하기 때문에 여기서의 언급은 생략하겠습니다. 관심이 있는 독자는 《티베트의 반야심경》 3장에서 「색즉시공, 공즉시색」의 해설로 언급되어 있으므로 참조해 주십시오.

■ 十不善에 대해 더 상세하게 알기 위해 권하는 책
→《달라이라마 지혜의 눈을 연다》菅沼晃 譯/ 春秋社의 6장

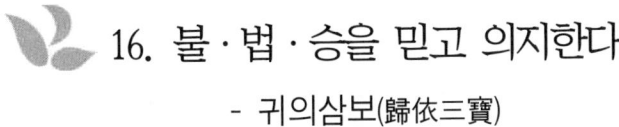

16. 불·법·승을 믿고 의지한다
- 귀의삼보(歸依三寶)

앞 장에서 선악 인과의 확실성에 대해 완벽하게 납득하려면, 마지막 단계에서는 석가모니 부처님에 대한 전면적인 신뢰가 있어야 한다고 했습니다. 그것은 전형적인 하나의 예이고, 5장부터 앞 장까지 설명해 온 모든 불교 수행은 석가모니 부처님을 믿고 의지하지 않으면 성립될 수 없습니다.

이런 점에서 보면 불교는 결코 단순한 인생의 교훈이나 철학 사상이 아니며, 명상의 기교만을 가르치는 것이 아님을 알 수 있습니다. 그러나 「이치야 어떻든 단지 믿을 뿐이다」라는 식의 맹목적인 믿음이 아니라는 점에서, 다른 종교와는 입장이 다르다고 할 수 있겠지요.

2장에서 인용한 석가모니 부처님의 말씀을 상기해 보십시오.

"비구들이여,
　금을 태워 보고 깎고 문질러 보며 검증하는 것처럼,
　나의 가르침도 남김없이 관찰하고 분석한 뒤에 받아들여야 한다.
　단지 존경심으로 그대로 받아들여서는 안 된다."

그래서 본 장에서는 믿고 의지한다는 의미와, 믿고 의지할 대상에 대해서 가능한 한 이론적으로 검증해 보겠습니다. 완전히 믿고 의지하는 것, 전면적으로 의지처로 삼는 것을 불교 용어로 「귀의」라고 합니다.

귀의에 이르기까지의 앞 단계로서 먼저 불교에 관심을 나타내며 "아, 좋다"라는 동경을 가지고, 석가모니 부처님께 존경의 마음을 내며, 더욱이 신심을 일으켜 예경을 올리는 등의 과정이 있습니다. 이러한 여러 과정을 통하여 본 장에서 검토한 내용을 마음속 깊이 납득하게 되면 점차 귀의의 단계에 들어가게 됩니다.

불교에서 귀의의 대상은 부처님과 법과 승가입니다. 이 세 가지를 합해서 「삼보」라고 합니다. 「삼보에 귀의하고 있다」라고 하는 것과, 「불교도이다」라는 것은 같은 의미입니다. 그러나 이것은 「특정한 종교단체에 소속하여, 신자로 등록되었다」라는 의미는 아닙니다. 삼보에 귀의한다는 것은, 어디까지나 개개인의 마음의 문제입니다.

불교 단체에서 높은 지위에 있다든가, 불교 교리를 잘 알고 있다든가, 명상을 잘한다든가, 보시나 공양을 많이 낸다든가 하는 훌륭한 마음을 가지고 있다 하더라도, 삼보에 귀의하지 않는다면, 그 사람은 불교도라 할 수 없습니다. 물론 불교도가 아니면 좋지 않은 사람이라는 의미는 아닙니다.

세상에는 불교도가 아니더라도 진정으로 존경스러운 사람은 얼마든지 있습니다. 단지 제가 여기에서 강조하고 싶은 것은, 이 책에서 소개해 온 티베트 불교의 구체적인 수행법, 특히 5장에서 9장까지의 밀교에 관한 내용과 보리심, 출리심 등의 요결은 삼보에 대한 귀의가 없으면 절대로 성립할 수 없다는 점입니다.

불교의 여러 가지 계율도 귀의삼보를 전제로 성립되어 있습니다.

이전에 어떤 사람이, "귀의를 하지 않고 최상승요가 탄트라 명상을 수행하고 싶다"라는 의미의 말을 듣고, 저는 자신도 모르게 거친 말투로 "그것은 '물에 들어가지 않고 수영하는 법을 배우고 싶다'라고 하는 것처럼 있을 수 없는 일이다!"라고 나무란 적이 있습니다.

지금 생각해 보면 그 사람은 「귀의」라는 말을 앞에서 말한 것처럼, 「어떤 종교단체에 들어간다」라는 의미로 사용하고 있었는지도 모릅니다. 물론 반드시 단체에 소속할 필요는 없지만, 자신의 마음으로 삼보에 귀의한 것은 「출리→ 보리심→ 관정→ 밀교의 수행」이라는 길을 더듬어가는 데에 절대 없어서는 안 될 부분입니다.

그러면 귀의의 대상인 삼보에 대해 순서대로 살펴봅시다.

먼저, 첫째의 **불보**(佛寶)에 대해서는 4장에 상세히 설명되어 있으므로 다시 한 번 읽어 주십시오. 우리에게 부처님은 석가모니 부처님이시고, 그 상징이 불상(佛像)입니다.

둘째, **법**이란, 사성제 가운데 멸성제와 도성제입니다. 좀 더 알기 쉽게 말씀 드리면, 궁극의 진리인 공성, 그것을 직감적으로 이해한 지혜, 번뇌의 단멸과 고통의 지멸, 윤회에서의 해탈, 부처님의 깨달음의 경지[無住處涅槃] 등 입니다. 그러나 저처럼 평범한 사람은 그런 것에 직접 손이 닿지 않습니다. 그래서 석가모니 부처님이 설하신 가르침이 가(假)의 의미의 법으로 됩니다. 그것을 상징하는 것이 경전(經典)입니다.

불상을 함부로 대하는 일은 그다지 많지 않지만, 경전이나 논서를 함부로 다루는 경우는 흔합니다. 그러나 사실 경전이나 논서도 불상과 마찬가지로 예배의 대상입니다. 내용이 경전이나 논서라면, 책이든 복사한 종이든 모두 소중히 다루어야 합니다. 적어도 맨바닥이나 상에 바로 놓거나, 밟거나 넘지 않도록 충분히 주의를 할 필요가 있습니다.

셋째, **승가**란, 성자(聖者)라는 말입니다. 불교에서 말하는 「성자」란, 공성을 직감적으로 깨닫고 있는 분들을 가리킵니다. 그러나 저처럼 평범한 사람은 누가 성자인지 둘러보아도 잘 알 수가 없습니다. 그래서 계율을 엄격하게 지키고 있는 네 사람 이상의 비구나 비구니의 집단을 가(假)의 의미로서 승가라 합니다.

넓은 의미에서는 진정한 불교의 종파나 단체들도 하나의 승가라고 할 수 있겠지요. 승가의 가(假)의 의미를 바르게 알게 되면, 재가 신자나 수행자는 비구와 비구니를 「출가자」라는 이유에서도 공경해야 합니다.

티베트 불교를 중흥시킨 아티샤 존자의 첫째 제자는 「돔된빠」라는 거사인데, 굳이 재가 수행자의 길을 선택한 것으로 유명합니다. 당신 자신은 아티샤 존자에 필적할 지식과 체험을 가지고 매우 높은 경지를 달성하고 있었지만, 출가한 승려들을 공경하는 수행을 할 수 있다는 재가자의 입장에 언제나 큰 기쁨을 느끼고 있었다고 합니다.

그런데 티베트 불교에서는 스승에 대한 귀의를 특히 강조하고 있습니다. 이 점에서 티베트 불교를 스승의 종교, 즉 「라마교」라고 부를 정도입니다.(단, 「라마교」라고 하면 불교와 별개의 종교인 것 같은 인상을 주기 때문에 티베트 사람들은 이 호칭을 좋아하지 않습니다.) 그러나 스승의 존재를 강조한다고 해서 「삼보와는 별도로 스승에게 귀의한다」라는 의미가 아닙니다. 스승의 몸(身)은 승가이고, 스승의 말씀(語)은 법이고, 스승의 마음(意)은 부처님이라고 제자의 입장에서 생각할 필요가 있습니다.

스승이야 말로 삼보를 한 몸에 체현하고, 그것을 우리 자신에게 나타내 보여 주고 있는 것입니다. 스승을 떠나서 삼보는 존재하지 않고, 삼보를 떠나서 스승은 존재하지 않습니다. 그러므로 스승에게 귀의하면 삼보에 귀의하는 것이 됩니다. 특히 밀교에서는 9장에서 언급한 것처럼, 스승을 부처님 그 자체로 믿고 귀의하는 것이 매우 중요합니다.

밀교 의식문에서는 "스승과 본존과 다끼니와 호법존에게 귀의합니다"라는 말이 있습니다. 본존이란, 예를 들면 아촉금강이나 야만타카 등, 혹은 관세음보살·문수보살·따라보살 등을 말하는데, 7장과 12장에서 언급한 것처럼 이들은 부처님 자신이 필요에 의해 나타낸 모습이므로, 당연히 삼보에 포함됩니다. 호법존에 대해서는 14장에서 조금 설명했습니다.

「다끼니」는 모(母)탄트라의 여성 수행자가 일정한 성취를 얻어 다른 수행자를 이끌고 도와주는 활동을 하는 경우를 가리킵니다. 남성의 경우는 「다까」라고 합니다. 다까·다끼니는 천신으로서 존재하는 경우도 있고, 인간의 몸을 가지는 경우도 있습니다.

호법존, 다까, 다끼니에 성자인 경우도 있고, 그렇지 않은 경우도 있는데, 귀의의 대상이 되는 것은 성자인 경우뿐입니다. 성자라면, 승가일 수 있으므로 삼보 속에 포함됩니다. 성자의 경지에 도달하지 않은 호법존에게는, 절을 할 수는 있겠지만 귀의의 대상은 되지 않습니다. 이 점은 특히 주의를 해 둘 필요가 있습니다.

이와 같이 밀교에 여러 가지로 표현하는 존격이 있어도, 결국 귀의의 대상은 불법승 삼보에 지나지 않음을 알 수 있습니다. 삼보에 해당하는 것에 대해서는 반드시 귀의해야 하지만, 삼보에 해당하지 않는 것에 대해서는 결코 귀의해서는 안 됩니다.

이것이 불교도인가 아닌가의 기준이고, 「출라→ 보리심→ 관정→ 밀교의 수행」이라는 길로 들어가는 유일한 문입니다.

　삼보에 귀의할 때는 비유한다면, 자신을 환자와 같다고 생각합니다. 번뇌와 자기 애착이라는 바이러스가 침투하여 악업이라는 독소로 초래된 고통에 오랜 세월 괴로움을 받고 있는 것입니다. 그리고 이 난치병을 치료하기 위해 부처님이라는 명의의 진찰을 받습니다.
　의사에 비유된 부처님의 활동이 눈으로 볼 수 있는 형태로는 스승에 의해 행해집니다. 제자의 입장에서는 스승을 부처님처럼 - 밀교의 경우는 부처님 그 자체로 - 보아야 하므로, 어떻게 해도 같은 것이겠지요. 병의 상태를 진단한 의사가 알맞은 약을 처방하는 것처럼, 부처님은 법을 설합니다.
　환자가 약을 복용하는 것처럼 우리는 부처님의 가르침인 법을 수행하는 것으로 번뇌의 독소를 정화하여 바이러스의 활동을 억제하고 마침내는 완전히 몰아낼 수도 있는 것입니다. 이러한 투병 생활에는 간호사의 간호가 필요한 것처럼 오랜 수행의 여정에 곁에서 돕고 격려해 주는 것이 승가의 역할입니다.
　이와 같이 생각해 보면, 독소나 병원체에 직접 작용하는 것이 약이듯이, 번뇌와 자기 애착을 실제로 억제하고 근절하는 것은 법의 힘입니다. 가(假)의 의미에서는 부처님의 가르침을 수행하는 것으로 번뇌를 점차로 억제할 수 있습니다.

본래의 의미에서는, 자신이 성자가 된 단계에서 획득한 공성의 직감적 이해에 의해 번뇌와 그 악영향을 순차적으로 근절하고 최종적으로 부처님의 깨달음의 경지를 실현할 수 있는 것입니다. 그러므로 삼보 가운데서도 법이야 말로 가장 으뜸가는 귀의의 대상이라 할 수 있습니다.

그러면 현실적인 측면에서 귀의를 세 가지 단계로 나누어서 정리해 봅시다.

첫째는, 내생에 삼악취에 떨어지는 것을 두려워하는 단계입니다. 앞 장에서 검토한 것처럼 우리는 삼악취에 떨어질 원인이 되는 악업만 쌓아오고 있습니다. 삼악취에 떨어지는 것을 피하기 위해서는, 십불선을 억제하는 등 현재 자신의 행을 바르게 해야 합니다.

그러나 십불선을 완전히 끊기 위해서는, 인과의 확실성을 완전히 납득할 필요가 있고, 그러기 위해서는 석가모니 부처님에 대한 전면적인 신뢰가 필요합니다.

14장에서 살펴 본 것처럼, 삼악취의 고통은 실로 감당하기 어렵습니다. 그것을 가능한 한 생생하게 상상하면서 '내생에 삼악취에 떨어지는 것은 어떻게든 피하고 싶다'라고 강하게 생각합니다. 그리고 '삼악취로 떨어지는 것에서 나를 구원할 힘을 가지고 있는 분은 누구일까'라고 생각해 보십시오.

예를 들면, 천신(天神)은 삼악취의 고통과 무관하게 사는 존재인 것처럼 보이지만, 수명이 다했을 때에는 삼악취로 떨어질 운명을 가지고 있습니다. 그런 천신(天神)에게 온전히 의지한다 하더라도 근본적으로는 아무런 해결도 되지 않습니다. 그것은 마치 물에 빠져 있는 사람이, 머지않아 공기가 다 빠져 가라앉게 될 고무보트에 타고 있는 수영도 못하는 사람에게 도움을 요청하는 것과 같습니다.

진정으로 도울 능력을 가지고 있는 사람은, 훌륭한 수난 구조자와 같은 부처님, 그 구조자가 던져 준 튼튼한 고무 튜브 같은 다르마(법), 구조자의 보조원과 같은 승가밖에 없습니다.

여기에서의 법은 부처님의 가르침에 따라서 구체적으로 십불선을 끊는 것 등입니다. 이런 생각으로 삼악취의 고통에 대한 공포에서 불법승 삼보에 귀의하는 것이 불교도로서의 출발점입니다. 이것을 「낮은 근기의 귀의(下士道)」라고도 합니다.

둘째 단계는, 윤회세계 전체의 고통에 대한 공포에서 삼보에 귀의하는 것인데, 이것은 출리(出離)의 바탕이 됩니다. 이것을 「중간 근기의 귀의(中士道)」라 합니다. 이 단계에서의 법은 계율을 지키는 것(戒), 명상으로 정신을 집중하는 것(定), 공성에 대한 바른 이해인 지혜를 연마하는 것(慧)인데, 「삼학(三學)」으로 총칭되고 있습니다.

셋째 단계는, 윤회와 해탈의 양쪽에 대한 공포에서 부처님과 대승의 법과 성자인 보살에게 귀의하는 것으로, 보리심의 바탕이 되는 것입니다.

이것을 「높은 근기의 귀의(上士道)」 라고 합니다.

「해탈에 대한 공포」라는 의미는, 윤회에서 해탈하여 번뇌의 고(苦)가 없는 안락을 누리고만 있다면, 부처님처럼 자재로히 다른 이를 구제할 수 없다는 것에 대한 공포입니다. 이 단계의 법은 12장에서 살펴 본 육바라밀 등이고, 그 중에서도 지(止)와 관(觀)의 명상을 결합한 공성을 직감적으로 깨닫는 것이 중요합니다.

하사·중사·상사라는 「3사」의 설정은 2장에서 소개한 「람림Lam-Rim」의 골격입니다. 자신이 하사의 단계에 있을 때는 하사의 수행만 하면 되고, 중사나 상사의 수행은 장래의 수행 목표가 됩니다.

그리고 실제로 상사의 단계에 도달했을 때는 하사·중사·상사 모두 수행하는 것입니다. 「하사의 법인 십불선을 끊는 것은 상사의 단계에 들어가면 이제 끝났다」라는 식이 아니라는 점이 3사의 설정을 이해하는데 중요한 부분입니다.

이상, 불교를 수행하는데 가장 근본이 되는 삼보에 귀의하는 것의 중요성에 대해 살펴보았습니다. 실제로 귀의 수행을 하는 데는 **「집회수(集會樹; 촉싱)」**를 관상하는 독특한 명상법이 있습니다.

겔룩파의 「집회수」에서는 그 중심에 자신의 스승을, 석가모니 부처님이나 쫑카빠 대사의 모습으로 명상합니다. 그리고 주위에 현교와 밀교의 가르침을 전해 온 역대의 스승, 바로 앞에 4부탄트라의 본존, 제불보살,

소승의 성자, 다까·다끼니, 호법존 등을 배치합니다.

이러한 「집회수」는 자신이 명상 중에 예배하고, 공양을 올리고, 악업을 참회하고, 공덕을 기뻐하고, 가르침을 청하고, 기원하고, 회향하는 대생칠지공양입니다. 「집회수」를 삼보의 구체적인 시현으로 공경하고, 거기에 대해 귀의의 기도를 올리고, 삼보께서 가지(加持)를 해주셨다고 생각하는 것은 모든 수행의 근본이 되는 중요한 명상입니다.

■ 16장의 내용에 대해 좀 더 상세하게 알기 위해 권하는 책
→《티베트 密敎의 瞑想法》게세 쏘남갈첸/ 金花舍의 2장 「歸依의 瞑想法」

Ⅳ. 기초불교편   233

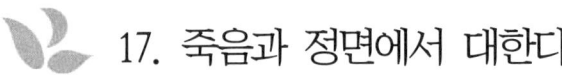 17. 죽음과 정면에서 대한다
- 무상(無常)

앞 장에서 설명한 것처럼, 모든 불교 수행의 근본이 되는 삼보에 대한 귀의도, 그 첫 단계는 삼악취의 고통에 대한 공포가 동기가 됩니다. 그러나 지금 자신의 마음을 정직하게 돌아볼 때, 「내생에 삼악취에 떨어지는 것을 두려워하는 마음」이 과연 어느 정도 있을까요?

윤회를 부정하고 내생의 존재 자체를 인정하지 않는 것은 문제 밖이지만, 그렇지는 않다 하더라도 '내생의 일을 걱정하는 것보다 지금 현재의 생활이 더 중요하다'라는 생각을 떨쳐 버리는 것이 더 어렵다고 봅니다. 내생이라 하면 먼 미래의 일인 것처럼 생각합니다.

그보다도 노후에 연금을 받을 수 있을까 없을까 하는 쪽이 훨씬 절박한 문제라고 생각할 것입니다. 그러나 잘 생각해 보면, 가령 현재 40세 정도 된 사람에게 연금을 받는 것보다도 내생이 더 빨리 찾아올 가능성은 그래도 확률이 높을 수 있다고 생각하지는 않습니까? 좀 등골이 오싹한 얘기지만, 수행자라면 이 점을 언제나 염두에 둘 필요가 있습니다.

좀 더 극단적으로 생각해 보면, 내일보다도 내생이 더 가까울지도 모른다는 것입니다. 그 가능성을 100퍼센트 배제할 수 없는 이상, 내일의 일정이 중요하다고 하면서 내생의 일에 대해 아무 것도 생각하지 않는 것은 이치에 맞지 않는 행동입니다.

그렇다면 '내생의 일을 머리 한 쪽에 둔다면 그것으로 좋겠지'라고 생각할지도 모릅니다. 물론 아무 것도 생각하지 않는 것보다야 낫겠지만, 그것으로는 아직 충분하다고 할 수 없습니다.

금생의 행복을 추구하는 노력은 동물들도 하고 있는 것이고, 그것은 번뇌의 마음, 본능적인 욕구에 의해 추진되고 있습니다. 이에 대해 내생의 행복을 추구하는 노력은 종교심에 눈뜬 인간밖에 없는 것이고, 더욱이 신앙심이나 선한 마음으로 선업을 쌓아야 얻을 수 있는 것입니다.

그러므로 우리들이 내생의 일을 진지하게 생각하게 되면, 마음을 번뇌의 지배에서 조금이라도 떼어 놓을 수 있고, 더욱이 출리심과 보리심으로 발전시켜 가는 쪽으로 크게 방향 전환을 할 수 있는 것입니다.

그런 점에서 티베트의 스승들은, "최소한이라도 금생보다 내생의 일을 중심으로 생각하라. 그렇게 하지 않으면 수행자라 할 수 없다"라고 강조하고 계십니다.

이에 대해 "가령 내생의 일을 생각하지 않더라도 선한 행을 쌓고 있는 사람은 많이 있지 않은가"라는 반론이 있을지 모릅니다. 그런 경우도 있겠지만, 불교의 입장에서 본다면, 금생의 일만을 생각하면서 선한 행을 쌓는 것은, 거기에서 앞 단계로 발전해 갈 가능성을 찾아보기 어렵습니다.

현재의 자신이 인간이라는 비교적 고통이 적은 세계에 살고 있기 때문에, 자신의 절박한 문제로서의 「삼악취의 고통」이라는 것은 내생으로 상정할 수밖에 없을 것입니다. 그리고 삼악취의 고통을 마음속 깊이 자신의 일로 생각할 수 없다면 진정한 출리심을 일으킬 수 없습니다.

'인간으로서의 고통만으로도 충분하다'라고 생각할지 모르지만, 우리가 겪는 인간으로서의 고통이란 삼악취의 고통과는 현격한 차이가 있음을 알아야 합니다. 거기까지 생각의 폭을 넓히지 않으면, 출리심이나 보리심도 인간의 고락에 대한 체험의 폭 정도로 왜소한 것으로 되어 버릴 것입니다.

불교는 단순한 인생의 교훈이나 휴머니즘이 아닙니다. 진실한 출리심과 보리심의 「무게」를 통감하기 위해서도, 티베트 스승들이 설하고 있는 전통적인 방법, 즉 "내생에 삼악취에 떨어지는 것을 두려워하여 삼보에 귀의한다"라는 방식에 의해서라도, 불교의 수행에 들어간다는 것은 의미가 크다고 봅니다.

이러한 가르침을, "지옥에 떨어지는 얘기를 꺼내지 않으면 도덕심을 일으킬 수 없는 것처럼, 옛날 지적수준이 낮은 사람들을 대상으로 한 것이다"라는 식으로 경시하는 풍조도 볼 수 있는데, 이는 현대의 인간중심주의의 오만이라고 밖에 말할 수 없습니다.

불교도 살아 있는 종교이기 때문에 시대의 요청에 응할 필요는 있겠지요. 그러나 거기에는 아주 장대한 교리 체계를 아담한 「움막집 크기로」로 축소해 버리는 함정도 있기 때문에 충분한 주의가 필요합니다. 현대사상에 안이하게 영합하여 전통적인 가르침의 묘미를 버려 버리는 것은, 불교를 수행하는 의미도 매우 한정된 것으로 만들어 버리겠지요.

"금생보다도 내생의 일을 중심으로 생각한다"라고 해서, 「지금부터 남은 인생을 속세를 떠난 사람처럼 살자」라는 의미는 아닙니다. 이 가르침은 기본적으로 마음가짐의 문제입니다.

지금 현재의 위치에서 책임을 완수하면서, 일상생활에서 어떤 선행을 실천했다면 "이 선업이 내생을 위하는 것이 되어 지이다"라고 진지하게 생각하고, 더욱이 "해탈을 위해 …", "살아 있는 모든 이를 구제할 부처님의 경지를 얻기 위해 …"라는 식으로 수위를 높여 가는 것입니다.

그렇게 하면 할수록 자신의 금생의 인생도 행복하게 됩니다. 왜냐하면 그렇게 하므로 해서 자신의 마음이 번뇌와 자기 애착의 속박을 조금씩 벗어나게 되기 때문입니다.

흔히 "지금의 생활이 가장 중요하다"라고 말합니다. 그런데 그것을 넘어 금생보다도 내생의 일을 중심으로 생각하기 위해서는 무엇이 필요할까요? 가장 효과적인 방법은 무상(無常)에 대해 생각을 돌리는 것입니다.

불교에서 말하는 「무상」이란, 「찰나에 변화하는 것」입니다. 원인과 조건에 의해 만들어진 존재는 모두 찰나에 변화하고 있습니다. 이것을 **「제행무상(諸行無常)」**이라 합니다. 물질적인 것도 마음도 인간으로서의 존재도 모두 무상합니다.

어제의 나와 오늘의 나는 인과의 연속성은 있지만, 같은 존재라 할 수 없습니다. 만약 완전히 같은 존재라고 한다면, 오늘 읽은 책의 내용을 어제의 내가 알지 못하는 것은 설명할 수 없겠지요.

이 무상한 존재는, 「원인과 조건에 의해 생겼다는 것」과, 「실체(實體)로서 생긴 것이 아니라」는 두 가지 점에서 필연적으로 초래되는 성질입니다. 즉 그것이 실체성이 없는 공(空)이고, 일찍이 「원인과 조건에서 성립한 것이라면 반드시 무상하다」는 것입니다.

그러나 여기에 「무상으로 생각을 돌린다」라고 한 것은, 특히 「죽음이라는 형태의 무상」에 대해서입니다. 인간이라는 생물의 존재가 무상하기 때문에, 죽음은 언젠가 반드시 우리의 몸에도 찾아옵니다.

"그런 것은 알고 있다"라고 하면서 우리는 자신의 죽음을 가능한 한 생각하지 않으려 합니다. 그것은 자신이 바라지 않는 것, 싫은 것이기 때문입니다. 혹은 '아직 나중의 일이니까'라고 생각하기도 합니다. 그러나 실제로 언제 죽음이 찾아올지 전혀 알 수 없습니다.

이 세상의 인간의 수명은 정해져 있지 않습니다. 게다가 질병·자연재해·사고·전쟁·범죄 등, 우리 주위에는 목숨을 위협하는 요소가 무수히 존재하고 있습니다. 목숨을 기르는 요소라고 할 음식이나 약조차도 경우에 따라서는 죽음을 부르는 원인이 되기도 합니다. 그러다가 실제로 죽음이 찾아왔을 때는 가족이나 친구, 혹은 재산·명예·권력 등은 아무런 도움도 되지 않습니다.

죽음의 과정을 거쳐 바르도인 중유(中有)의 세계를 헤매며 내생으로 가는 여로는 단지 자기 혼자서 가야합니다. 그때 유일하게 의지할 수 있는 것이라면 다르마(법) 밖에 없습니다.

여기서 말하는 「법」이란, 생전에 쌓아 온 선업의 힘을 말합니다. 삼보에 귀의하고, 부처님의 가르침에 따라 십불선을 억제하고, 선업을 쌓아 온 그 힘만이 자신을 삼악취로 떨어지는 것에서 구해 줄 수 있습니다.

좀 더 높은 단계는 거기에서 삼학(三學)과 육바라밀의 수행으로 쌓아 온 두 가지 자량이 죽음의 여로에 커다란 도움이 되는 것입니다.

얘기를 정리해 보면 수행자라면,
① 반드시 죽음이 찾아온다,
② 그것도 언제인지 알지 못한다,
③ 죽음에 임해서는 다르마(法) 밖에 의지할 데가 없다

이 세 가지 점에서 날마다 「자신의 죽음」에 대해 숙고해야 할 것입니다. 그렇게 하면 자연히 금생보다도 내생의 일을 중심으로 마음이 방향 전환하게 될 것입니다.

티베트에서는 "오늘 하루 죽음에 대해 아무 생각이 없었다면, 하루를 헛되게 보낸 것이다"라고 말합니다.

저처럼 평범한 사람은 자신의 죽음에 대해서는 애써 생각하지 않으려 합니다. 생각하더라도 '아직 한참 나중의 일이니까'라며 절박하게 두려워하는 모습은 볼 수 없습니다. 그러다가 드디어 죽음이 현실로 되었을 때는, 엄청난 공포감에 짓눌리고 놀라서 어떻게 할 바를 모를 정도로 혼란스러워 합니다.

그러나 수행자는 이와 정반대라 할 수 있습니다. 날마다 죽음에 대해 생각하고, 그것도 내일 죽음이 찾아와도 좋을 정도로 마음의 준비를 하고, 실제로 임종을 맞이할 때는 여행을 가는 사람이 신바람이 나서 집을 나서는 것처럼 죽음을 맞이합니다.

5장의 마지막에서 언급한 것처럼, 숙달된 원만차제의 수행자라면 자신의 죽음이야말로 깨달음의 절호의 기회라고 합니다.

"지금까지 몇 번이고 수행을 반복해 온 광명과 환신을, 진정한 죽음이라는 최고의 컨디션을 이용해서 한꺼번에 실현하자"라는 희망에 차서 죽음의 명상에 들 수가 있다면, 이 이상 훌륭하고 위대한 왕생은 없을 것입니다.

그렇게 되기까지는 어렵다 하더라도, 금생에 수행을 잘하여 죽음을 맞이할 때 실제로 도움이 되는 법을 충분히 가지고 있다면, 아무런 공포 없이 임종을 맞이할 수 있습니다. 그것도 어렵다 하더라도, 십불선 등의 악업을 억제하고 귀중한 인생을 헛되지 않게 살며 수행하고 있다면, 적어도 죽음의 순간에 후회하는 일은 없습니다. 언제 죽어도 후회하지 않도록 마음을 잘 준비해 두기 위해서는, 수행을 미루어서는 안 됩니다.

예를 들어, "정년이 되면 수행하자"라든가, "자식들이 독립하고 나면 …"이라든가, "60세쯤 되면 …"이라는 식으로, 그런 생각을 하고 있다면, 그것은 무상을 근본적으로 이해하고 있지 못한 증거입니다.

자신의 죽음에 대해서, 앞에 말한 세 가지 점에 생각을 돌려 지금부터 바로 수행을 시작해야 합니다. 현재 자신이 해야 할 역할을 내버려 두고 오로지 수행에만 전념한다는 의미는 아닙니다.

직장이나 가정의 일이나 학업 등을 계속하면서, 불교를 배우고 수행하는 것을 자신의 상황에 맞추어 할 수 있는 방법을 모색할 필요가 있습니다. 그러기 위해서는 명상 수행의 내용과 절차에 익숙하도록 해야 합니다. 그런 연습을 해 두는 것도 처음 단계에서는 필요하다고 생각합니다.

예비 수행으로 익숙해진 힘은 밀교의 본격적인 수행에 들어갔을 때,

반드시 도움이 됩니다. 그런 능력을 쌓는 데에 본 장에 소개한 무상의 가르침도 현실적으로 도움이 됩니다.

"지금 바로 수행을 시작해야지…"라고 죽을 때까지 생각만 하는 것으로는 아무런 힘도 되지 않기 때문에 …. 그런데 여기서 「죽음에 임해서는 다르마 밖에 의지할 것이 없다」라고 한 점을 좀 더 검토해 봅시다.

먼저 자신이 현재 인간의 삶을 받게 한 그 원인을 생각해 봅니다. 분명히 말할 수 있는 것은 전생의 자신이 대단한 선업을 쌓았다는 점입니다. 그러니 "전생의 자신에게 고맙다!!!"라고 해야 할 정도로.

지금 일부러 다른 사람에게 말하는 것처럼 했지만, 사실 선업을 쌓은 것도 자신이므로, 기뻐할 수는 있어도 감사할 필요는 없을지도 모르겠습니다. 하지만 현재의 자신의 심경으로는 '옛날 누군가가 노력해 준 덕분에 내가 지금 인간으로 태어났'라는 느낌이 듭니다. 그렇게 생각하게 되는 것은 전생의 기억이 없기 때문입니다.

3장에서 살펴 본 것처럼, 기억을 가지고 있는 거친 마음은 죽음의 과정에서 융해되어 버립니다. 전생에서 금생으로 연속해 있는 것은 '가장 미세한 의식'과, 그것을 태우고 있는 '가장 미세한 풍'입니다. 그 두 가지를 가진 자가 윤회하는 주체인 「단순한 나」입니다.

살아 있을 때의 「단순한 나」가 자신의 몸과 마음에서 따로 존재하는 것이 아닌 것처럼, 윤회할 때의 「단순한 나」도 가장 미세한 의식과 미세한 풍의 두 가지로부터 따로 존재하지 않습니다. 그런 「단순한 나」가 연속하는 이상, 「전생의 나」도 자신인 것입니다. 그러나 기억은 완전히 끊어져 있고, 몸도 완전히 다른 것으로 되어 있는 것이라면, 전생의 자신과 현재의 자신 사이의 자기 동일성은 어디에서 볼 수 있을까요?

그것은 「단순한 나」가 짊어지고 있는 '선악의 업'이라고 말할 수 있을지 모릅니다. 즉 현재 내가 인간으로 살고 있다고 하는 바로 그 자체가 전생의 나의 존재에 대한 증거입니다. 우리는 자신의 존재 위에, 전생에 대단한 노력을 하며 선업을 쌓은 자신의 존재를 마치 어릴 때의 아련한 기억을 더듬는 것처럼 감지해야 할 것입니다.

그렇다면 현재의 우리는 자신의 존재 증거를, 선업이라는 형태로 내생에 남겨야 합니다. 내생의 나의 마음이 "삼악취 중생이라는 지금의 존재 위에, 십불선 등의 악업을 태산만큼 쌓은 전생의 나의 존재를 감지한다"는 식으로 되지 않도록 말입니다. 그리고 금생에 본격적으로 수행에 들어갈 수 있다면, 자신의 존재 증거를 단지 선업이 아니라 해탈이나 부처님의 경지를 얻기 위한 자량으로 내생에 남겨야 할 것입니다.

이 자량은, **「복덕의 자량」**과 **「지혜의 자량」**으로 나눌 수가 있습니다. 전자는 자비심과 보리심을 비롯한 방편의 수행을 쌓는 것이고, 후자는 공성의 이해 등 지혜의 수행을 쌓는 것입니다. 복덕과 지혜의 자량은 서로 도우면서 해탈이나 부처님의 경지를 얻는 원인으로서, 전생에서 내생,

그 다음 내생으로 쌓는 것을 늘여 가는 것입니다.

예를 들면, 공성의 이해도 단순한 지식으로서는 죽음의 과정에서 잃어버립니다. 그러므로 내생에는 다시 공부해야 합니다. 그러나 순수한 보리심과 함께 얻은 공성의 이해는, 지식의 측면은 잃어버려도 지혜의 자량으로서 내생에도 이어지므로 다시 공부했을 때의 이해도가 한 단계 더 높아집니다.

금생에 자신이 인간의 몸으로 산 증거를 선업이나 자량이라는 형태로 내생에 남기도록 명심하고, 더욱이 "내생에도 쫑카빠 대사의 가르침, 즉 부처님의 가르침을 전하는 스승들을 여의지 않고, 귀의·출리심·보리심을 견지하여 현재 하고 있는 수행을 계속 이어 가지이다"라고 강하게 기원해야 합니다. 그렇게 하면 마음을 매우 강하게 하고, 「쫑카빠 대사의 가르침에 의해 부처님의 깨달음에 이른다"라는 것에 몸과 마음을 온전히 내맡길 수 있다고 생각합니다.

이 기도를 구체적으로 수행하려면, 「간덴·하가마의 구루요가」라는 수행이 아주 적합합니다. 이것은 관정을 받지 않고도 수행할 수 있습니다.

요점만 소개한다면, 미륵의 정토에서 나의 눈앞 허공에 쫑카빠 대사를 초청하여 기원과 공양을 드리고, 쫑카빠 대사가 나의 정수리로 해서 가슴의 챠크라까지 내려오신다고 명상합니다. 이것을 매일 반복해서 수행합니다.

미륵의 정토에서 나의 정수리, 그리고 가슴의 챠크라에 이르는 흐름이 한 줄기 빛처럼 되어서 점차로 정착해 갑니다. 이 흐름이 완전히 습관적으로 되면 실제로 내가 죽음을 맞이할 때 중유(中有)의 의식과 풍이 이 흐름을 거슬러 올라가 미륵의 정토에서 쫑카빠 대사와 만날 수 있게 됩니다. 그 인연으로 내생에도 쫑카빠 대사의 가르침을 배우고 수행할 수 있음에 틀림없다고 확신할 수 있습니다.

생전에 이 수행에 익숙하게 되면, 임종의 침상에서 아무 것도 두려워하지 않게 됩니다. 죽음의 직전에 탐욕과 분노 등 번뇌를 일으키는 것은, 내생에 매우 나쁜 영향을 미치게 됩니다. 이 점은 특히 주의해 두어야 합니다.

드디어 죽음을 맞이할 그때 자신의 마음이 쫑카빠 대사와 강하게 결합되어 있으면, 탐욕과 분노 등의 번뇌를 일으킬 여지는 없게 됩니다. 그 결과 내생에 삼악취에 태어나는 두려움이 사라지고, 「쫑카빠 대사의 가르침에 의해 부처님의 깨달음에 이른다」라는 흐름에 안심하고 자신을 맡길 수가 있겠지요. 이것이야 말로 자신이 금생에 불교의 수행자로서 살아온 증거를 가장 바람직한 형태로 내생에 계승하는 방법이라 생각합니다.

■ 죽음을 중심으로 티베트 불교를 폭넓게 알기 위해 권하는 책
→《달라이라마 죽음을 응시하는 마음》하딩그 祥子 譯/ 春秋社

18. 지금을 소중하게 산다
- 유가원만(有暇圓滿)

앞 장에서는 「죽음이라는 형태의 무상」으로 생각을 돌려서, 그것으로 자신의 마음의 방향을 금생에서 내생으로 위치 변경 시켜야 한다고 했습니다. 그러나 무상을 직시하여 수행으로 살리기 위해서는, 그 전제로서 "지금 나의 인생이 얼마나 얻기 힘들고 귀중한 것인가"라는, 이 점을 바르게 인식해야 합니다.

"금생보다도 내생의 일을 중심으로 생각한다"라고 하더라도, 결코 「지금의 인생이 무가치한 것이다」라는 의미는 아닙니다. 오히려 전혀 반대로 「지금 나의 인생만큼 훌륭하고 귀중한 것은 없다」라고 인식해야 합니다. 그러나 실제로는 그 인생이 무상하기 때문에 그 사실을 직시하지 않으면 안 된다고 이해할 필요가 있습니다.

「지금의 인생이 귀중하다」라는 것은, 불교를 배우고 수행할 수 있는 기회이기 때문입니다. 구체적으로는 내생의 일을 생각하고, 더욱이 출리심과 보리심을 일으킬 수 있는 능력을 충분히 가지고 있다는 것입니다.

그런 훌륭한 능력을 갖고 있으면서도 그것을 꽃피우려 애쓰지 않고, 금생의 생활에만 마음을 쏟고 있다면 귀중한 인생을 헛되게 낭비하는 것이 되겠지요. 자신에게 시간이 넉넉히 담보되어 있다면 다소 헛되게 하더라도 영향이 적을는지 모릅니다. 그러나 현실은 그렇지 않습니다. 이러한 구조에서 무상을 직시하는 것은 큰 의미를 가집니다.

그러면 불교를 배우고 수행할 수 있는 기회에 대해서 좀 더 살펴봅시다. 그런 기회를 티베트 불교의 용어로 「유가원만(有暇圓滿; 가만(暇滿)」이라 합니다. 그 조건은 여덟 가지 유가(有暇)와 열 가지 구족(具足)으로 정리됩니다.

「여덟 가지 유가」란, 다음에 나타내는 여덟 가지 나쁜 조건에서 벗어나 있는 것입니다.

① 지옥에 태어나는 것,
② 아귀에 태어나는 것,
③ 축생에 태어나는 것,
④ 장수천에 태어나는 것,
⑤ 출가나 재가의 불교도가 없는 변방에 태어나는 것,
⑥ 부처님이 출현하지 않고 가르침을 알 수 없는 시대에 태어나는 것,

⑦ 지각 능력이 작용하지 않는 것,
⑧ 사견이나 잘못된 생각을 가지고 있는 것 등의 8가지 항목입니다.

삼악취에 태어나면 한없는 고통에 들볶여서 수행은 엄두도 못 냅니다. 천계[天]의 경우는 반대로 고통이 거의 없기 때문에 고제(苦諦)를 이해하고 출리심을 일으키는 것이 어렵습니다. 아수라는 언급하고 있지 않은데, 여기서는 대체로 천계에 준하기 때문에 생략하고 있는 것으로 볼 수 있습니다.

그러므로 육도 중에서 인간으로 태어났을 때만이 불교를 배우고 수행할 수 있는 적당한 기회라고 할 수 있는 것입니다. 게다가 인간이라도 불교를 알 수 없는 장소나 시대에 태어나 버리면, 역시 수행은 불가능합니다. 또한 불교를 접할 기회가 있더라도 자신의 이해력이 없게 되거나, 잘못된 견해에 마음을 빼앗겨 불교를 바르게 받아들이지 못하면 그 경우도 바른 수행을 할 수 없겠지요.

잘못된 생각이란, 인과나 선악의 구별을 부정하고 삼보를 귀의의 대상으로 인정하지 않는 견해이고, 윤회를 부정하는 것도 포함됩니다.

다음에 「열 가지 원만」은 내용적으로는 여덟 가지 유가와 중복하는 항목도 있지만, 긍정적인 열 가지 조건으로 표현됩니다.
① 인간으로 태어난 것,

② 출가나 재가의 불교도가 활동하고 있는 곳에 태어난 것,

③ 가르침을 이해하고 수행할 능력이 갖춰져 있는 것,

④ 오역죄(부모의 살해, 아라한의 살해, 佛身을 상하게 한 것, 승가의 화합을 깨뜨리는 것)를 범하지 않은 것,

⑤ 계율이나 경전에 대해 신심을 가지고 있는 것,

⑥ 부처님이 탄생하신 것,

⑦ 부처님이 가르침을 설하신 것,

⑧ 설해진 가르침이 현재까지 존속하고 있는 것,

⑨ 스승이나 수행자들이 그 가르침을 수행하고 있는 것,

⑩ 주위 사람들의 도움도 얻을 수 있는 것의 10가지 조건을 말합니다.

이 가운데 ①~⑤를 「자신의 5원만」, ⑥~⑩을 「다른 이의 5원만」이라 합니다.

우리들은 지금 이러한 유가 구족의 기회를 일단 얻고 있습니다. 그러나 그것을 예삿일이나 간단히 쉽게 얻은 것으로 생각해 버리면, 그야말로 천벌 받을 큰 착각입니다. 먼저 인간으로 태어난 것만으로도 정말 대단한 일입니다. 이 점은 앞 장에서도 언급했습니다.

예를 들면, 이 지구상에 국한해서 생각하더라도, 인간의 수보다도 축생의 수가 훨씬 많다는 것은 확실하겠지요. 무수한 작은 곤충들도 축생에 포함되기 때문에 인간보다 훨씬 수가 많은 것은 의심의 여지가 없습

니다. 그리고 우리들의 눈으로는 직접 볼 수 없지만, 아귀의 수는 축생보다도 더 많고, 지옥 중생의 수는 아귀보다 훨씬 많다고 합니다.

이런 것을 진지하게 생각해 보면 등골이 오싹할 정도로 두렵습니다. 육도윤회에 있어서도 숫자상으로는 삼악취에서 고통 받고 있는 중생이 그 대부분을 차지하고 있습니다. 단순한 확률에서 말하더라도 인간이 내생에 삼악취에 태어날 수 있는 것은 실로 간단하고, 반대로 삼악취의 중생이 인간으로 바꿔 태어나는 일은 그야말로 기적처럼 어려운 일입니다.

우리는 '평범한 사람인 내가 부처님의 경지를 얻는 것은 대단히 어려운 일이다'라고 느끼고 있겠지요? 그러나 삼악취의 중생에서 인간으로 바꿔 태어나는 것은 그것보다 더 어려운 일이라 합니다.

흔히 "인간의 삶은 이것으로 충분하다. 죽으면 날아다니는 새로 태어나서 즐겁게 하늘 날아다니고 싶다"는 식으로 말하는 사람이 있는데, 그런 것을 제정신으로 생각한다면 위험천만한 일입니다. 그냥으로도 인간에서 삼악취에 떨어질 문은 넓고도 넓은데, 스스로 자진해서 삼악도에 태어나기를 바라는 마음을 가지고 있다면 엄청난 일이 되어 버립니다.

우리는 삼악취의 끝없는 두려움을 좀 더 진지하게 인식해야 합니다. 티베트 사람들은 부처님 전에 오체투지를 할 때 몸이 조금만 옆으로 기우는 것조차도 "내생에 축생도에 떨어지는 인연이 된다"라고 하며 주의를 할 정도입니다.

여담이지만, 높은 경지에 있는 보살 정도라면 얘기는 다릅니다. 삼악취 중생들의 고통을 깊이 생각하는 보살들은 "내가 실제로 삼악취에 태어나 거기에서 고통 받는 중생들을 조금이라도 돕고 싶다"라고 원하는 일도 있다 합니다. 하지만 그런 보살들은 삼악취에 떨어지는데 필요한 악업이나 번뇌가 거의 없기 때문에, 아무리 희망하더라도 실제로 삼악취에 다다르는 것은 어려운 일입니다.

어쨌든 인간이라는 유가 구족의 첫째 조건을 지운다 하더라도 나머지도 대단히 얻기 어려운 일입니다. 가령 인간으로 태어나더라도 불교와 인연이 있고, 그것을 잘 배워 수행할 수 있는 조건이 갖춰지는 것은 더욱 얻기 힘들고 드문 기회입니다.

지구상의 총인구에 불교도가 차지하는 수를 생각해 봐도 그 점을 잘 이해할 수 있겠지요. 하물며 진정한 스승으로부터 가르침을 배우고 바르게 수행을 계속하고 있는 사람의 수는 더욱 극소수에 불과할 것입니다.

또한 요즈음처럼 사람들의 종교심이 희박해진 세상에서는 주위 사람들의 도움은커녕 우호적인 이해를 얻는 일조차도 어려울지 모릅니다. 그러니 적어도 큰 방해를 받지 않고 불교를 배우고 수행할 수 있는 상황만으로도 주위 사람들에게 감사해야 할 일이겠지요.

이처럼 수량이라는 가장 단순한 측면에서 보아도 유가 구족의 기회가 얼마나 얻기 어려운지 피부에 와 닿게 잘 알 수 있을 것입니다. 하물며 그것을 얻을 원인(因)이라는 측면을 생각해 보면, 그런 생각은 더욱 강해지게 됩니다. 유가 구족의 기회를 얻기 위해서는 보시 등의 선업을 수없이 쌓아야 하고, 계율과 도덕을 지키는 청정한 생활을 해야 하고, 더욱이 간절하게 기원을 해야 합니다.

그러나 우리 자신을 되돌아보면 "내생에 다시 유가 구족을 얻을 수 있는 원인을 쌓고 있다"라고 자신 있게 말할 수 있는 일이 거의 없습니다. 전생의 나는 그것을 완수했는데도, 한심한 얘기지요….

아무튼 이러한 사정을 이해하고 있다고 하더라도 실제로 실행하는 것은 간단하지 않습니다. 그렇다면 아무 것도 모르고 고통의 바다에 빠져 있는 삼악취의 중생들이 어떻게 하면 유가 구족의 원인을 갖출 수 있을까요? 그러니 삼악취 중생이 유가 구족의 인간으로 태어나는 것은 거의 기적이라고 밖에 말할 수 없습니다.

이처럼 얻기 힘든 유가 구족의 기회를 지금 우리들은 얻고 있습니다. 그러나 이 희귀한 유가 구족한 몸의 목숨이 무상하기 때문에 언제 종지부를 찍을지 모릅니다. 그때 삼악취의 고해에 떨어질 함정이 중유(바르도)의 어둠 속에 거대한 입을 벌리고 있습니다.

우리는 다르마(법)의 힘에 의지하여 두려운 삼악취의 입구를 어떻게든 뛰어넘어 내생에도 유가 구족을 얻어야 합니다. 만약 삼악취의 고해에 떨어져 버리면 다시 유가 구족의 기회를 얻는 것은 마치 기적처럼 지난한 일이기 때문입니다.

이와 같이 마음속 깊이 생각한다면, 지금 얻고 있는 유가 구족의 기회를 한 순간도 헛되게 할 수는 없습니다. 지금의 인생만큼 귀중한 보배는 어디에서도 찾아볼 수 없습니다. 그 순간순간을 진정으로 소중하게 살아가지 않는다면 달리 무엇을 기대할 수 있을까요?

여기에서 「지금 이 순간을 소중히 산다」라는 것은, 유가 구족의 기회를 살려서 불교를 잘 배우고 바르게 수행한다는 의미입니다. 그러나 그것은 앞 장에서도 언급했듯이, 지금까지의 자신의 역할을 버리고 오직 명상·기도에만 몰두한다는 의미가 아닙니다.

정말로 중요한 것은 진심으로 삼보에 귀의하고, 자기 나름대로 선업을 쌓고 출리심을 일으키고 자비심을 기르고, 그리고 보리심을 내는 일입니다. 그로 해서 마음을 조금이라도 향상시킬 수 있다면, 어려운 수행을 장시간 수행하지 않더라도 유가 구족의 기회를 살리는 것이 됩니다.

다시 말하면, 이것은 마음가짐에 따라 누구라도 실행할 수 있는 내용입니다. 그러나 반대로 이러한 불교 수행의 핵심을 수반하지 않고 단지 지식으로서 불교 교리와 철학을 잘 알거나 혹은 명상 기법에 익숙해졌다 하더라도, 그것만으로는 유가 구족의 기회를 살리는 것으로 되지는 않습니다.

그런데 14장에서 육도를 설명할 때, 인간 세계라 하더라도, 이 지구만이 아니라는 것을 약간 언급했습니다. 이 지구의 세계를 불교 용어로

「남섬부주」라고 합니다. 다른 세계의 인간과 비교할 때, 남섬부주의 인간에게 여러 가지 특징이 있습니다.

예를 들면, 그다지 풍요로운 세계가 아니기 때문에 고제(苦諦)를 실감하기가 용이합니다. 수명이 정해져 있지 않기 때문에 무상을 실감하기도 쉽습니다. 업의 결과가 비교적 빨리 나타나는 세계이므로 인과의 확실성도 어느 정도 실감할 수 있습니다. 그리고 예민한 지성을 가지고 있으므로 난해한 불교 교리도 이해할 수 있습니다.

이러한 특징을 모두 살펴보신 뒤에 응신으로서의 석가모니 부처님은 남섬부주를 선택하여 태어나시고 주로 이 세계의 인간을 대상으로 불교를 설해 주신 것입니다. 따라서 인간으로 태어나는 것이 유가 구족의 첫째 조건이라 하더라도 그것은 주로 남섬부주의 인간을 가리키고 있다고 생각해야 합니다.

그 뿐만 아니라, 석가모니 부처님은 남섬부주 인간의 훌륭한 잠재능력을 보시고, 다른 대부분의 부처님들이 하시지 않은 대단한 위업을 실행하셨습니다. 그것이 무엇인가 하면, 밀교의 가르침[金剛乘; 秘密眞言乘]을 설해 주신 것입니다.

1장과 4장에서 언급한 것처럼, 부처님은 시간과 공간을 초월하여 무수히 존재합니다. 하지만 그 가운데서도 밀교의 가르침을 설하시는 일은 석가모니 부처님 등 극히 몇 분뿐이라고 합니다. 그래서 "밀교의 가르침과 만나는 것은 부처님을 만나는 것보다 훨씬 어렵다"라고도 합니다.

그처럼 만나기 어려운 밀교의 가르침조차도 우리들은 만나게 되었습니다. 이것은 유가 구족의 특별한 부가가치이므로 마치 우주 어디에도 없는 보물을 얻은 것처럼 참으로 훌륭한 것입니다.

하지만 그것만으로 놀라지 마십시오.

석가모니 부처님은 남섬부주 인간의 정신생리적인 특징 - 6장에서 설명한 챠크라·맥관·풍·틱레로 된 미세한 몸의 구조와 미세한 마음의 관계 - 을 살펴보시고, 그것에 어울리는 형식으로 「구히야사마자」를 비롯한 최상승요가 탄트라 설하신 것입니다. 이것이야 말로 밀교 중에서도 가장 심오한 비법이고, 모든 불법의 최고 지점에 위치하는 것입니다.

그러나 그 수행이 가능한 것은 앞에서 언급한 정신생리적인 특징에서, 남섬부주 인간 만에 국한된다고 하고 있습니다. 유가 구족의 가장 깊은 의미는 실로 이 점에 있습니다. 그러므로 남섬부주 인간의 기회는 극락정토의 보살들조차 부러워할 정도로 궁극적으로 귀중한 것입니다.

그러나 기뻐만 할 것은 아닙니다.

「밀교 수행에 들어간다고 하는 것은, 마디 없는 대나무 통 속에 뱀을 넣어 둔 것과 같다」라고도 합니다. 이 뱀은 똑바로 위로 가든가 곧장 아래로 떨어지든가 하는 두 가지 중에 한 길밖에 없습니다. 그와 마찬가지로 밀교의 수행에 들어갔다면, 바르게 수행하여 신속히 부처님의 경지를 얻든가, 그렇지 않으면 삼매야계 등을 깨뜨리고 최악의 지옥인 금강지옥에 떨어지든가, 그 어느 쪽이든 하나 밖에 없다는 것입니다.

바르게 수행한다는 의미는, 귀의·출리심·보리심을 전제로 관정을 받고, 보살계와 삼매야계를 지키는 것입니다. 거기에 생기차제와 원만차제의 수행에 노력하여 필요한 조건이 모두 갖추어지면, 금생에 부처님의 경지를 얻을 수 있다고 합니다.

금생에 부처님의 경지를 이루는 것은 어렵다 하더라도, 삼매야계를 지키는 것에 문제가 없다면 즉 보살계와 삼매야계만을 잘 지켜도 16생 동안에 부처님이 된다고 합니다.

그러나 삼매야계와 보살계의 근본죄를 범한대로 방치해 두거나, 관정을 받지 않고 밀교를 수행하거나, 보리심이나 출리심이나 스승과 삼보에의 귀의를 버리게 되면 지옥 중에서도 가장 고통이 심한 세계에 곧바로 떨어져 버리는 것입니다. 마치 양날의 칼처럼 극히 빠른 효과가 있는 반면, 매우 위험한 밀교 - 특히 최상승요가 탄트라 - 를 석가모니 부처님이 설하신 진의는 무엇일까요?

본래 부처님의 깊은 생각은 보통 사람의 생각으로는 미칠 수 없는 것이지만, 굳이 말한다면 남섬부주 인간의 높은 잠재능력을 모두 살펴보시고, 특히 훌륭한 수행자에 대해 큰 사명과 책임을 부과하신 것이라 봅니다. 즉 귀의와 출리심과 보리심을 확립한 수승한 수행자는 스승으로부터 관정을 받을 때, 「신속히 부처님의 경지를 얻어서 살아 있는 모든 이를 구제한다」라는 사명을 가지게 됩니다.

또한 그것을 완수하기 위해 「효과가 신속하지만 위험한, 마치 극약과 같은 밀교를 바르게 수행한다」라는 책임을 지운 것입니다. 그리고 석가모니 부처님은 「남섬부주 인간이라면 반드시 그것을 완수할 것이라」는 것도 틀림없이 살펴보셨겠지요.

유가 구족의 해석을 여기까지 생각했을 때, 우리들은 현재 자신의 인생에 말로 다 표현할 수 없는 큰 의미가 담겨 있다는 것을 느낀다면 두렵지 않을 수 없습니다.

그렇다면 대체 어떻게 하면 좋을까요?

해답은 다음 마지막 장에서 찾아봅시다.

19. 수행을 시작하는 방법
- 스승을 모시는 법과 람림의 흐름

 4장에서 18장에 이르기까지 티베트 불교 겔룩파의 수행의 단계를, 결과에서부터 원인으로 거슬러 가 보았습니다. 그리고 드디어 출발 지점에 도달했습니다.

 이 책의 주된 목적은 그런 티베트 불교의 내용을 어디까지나 당사자의 입장에서 알기 쉽게 소개하는 것입니다. 여기까지 읽어 온 독자가 만약 티베트 불교의 수행이 '그다지 나에게 맞지 않다'라고 느낀다면, 티베트 불교의 가르침을 억지로 받아들일 필요는 없습니다.

 세상에는 다종다양한 종교나 종파가 있고, 제각기 특색을 가지고 있습니다. "티베트 불교만이 유일하게 바른 길이고, 만인이 그것을 수행해야 한다"라고는 누구도 말할 수 없습니다.

 또한 "이 책만으로는 자신에게 맞는지 아닌지를 알 수 없으므로 좀 더 상세하게 알고 싶다"라는 독자도 있으리라 생각합니다. 그럴 경우는 각 장의 말미에 권하는 책을 소개하고 있으므로, 그것을 읽고 더욱 검토한다면 좋겠지요. 다른 곳에도 훌륭한 책은 많이 있다고 생각합니다.

그 중에는, "관정을 받지 않아도 밀교를 본격적으로 수행할 수 있다"라는 식으로 받아들이도록 어처구니없는 것을 써 놓은 책도 만날 수 있습니다. 그러므로 책이나 인터넷 등 여러 가지 정보의 옳고 그름을 판단하는 지혜를 연마해 두는 것이 필요합니다.

그리고 만약 "티베트 불교의 가르침은 나에게 맞지 않은 것 같으니까, 조금씩 배우고 수행하고 싶다"라는 분이 있다면, 꼭 이 출발 지점에서 한 걸음을 내딛기를 바랍니다.

그러면 출발 지점이란 무엇일까요?

그것은 스승을 찾아 의지하는 것입니다. 전통적으로 「스승을 모시는 법[事師作法]」의 내용은, 이미 9장에서 설명했습니다. 「스승에게 귀의한다」는 의미는 16장에서 언급했습니다. 그러므로 여기에서는 좀 더 현대적인 시점에서 생각해 보겠습니다.

밀교는 물론이지만, 불교 전반에 관해서도 본격적으로 배우거나 수행할 때는 반드시 스승에게 사사할 필요가 있습니다. 현재 티베트 불교의 가르침을 받을 기회는 매우 한정되어 있습니다. 그러므로 책에 의지하여 습득 가능한 일에 대해서도, 할 수 있는 만큼 스스로 배워 두는 마음가짐이 중요합니다. 어떻게든 스승으로부터 직접 배우지 않으면 안 되는 요소가 여러 가지 가르침 중에는 반드시 몇 가지는 있을 것입니다.

예를 들어 로종에 관해서 말하면, 언어상의 가르침을 실생활에서 살리는 비결 등이 그것에 해당할 것입니다. 적은 기회를 유효하게 살려서 그런 요소를 스승으로부터 분명하게 배우기 위해서도 책에서 이해 가능한 것은 정확히 자습해 두는 자세가 필요합니다.

전통적으로는 불교에 관한 가르침이라면 극히 간단한 게송의 한 구절을 배우는 것만으로도 그 선생을 스승으로 모시지 않으면 안 된다고 했습니다. 그러나 이것은 불교의 신심이 예사로 되어 있는 티베트에서의 얘기입니다.

오늘날의 우리 사회에서는 다양한 종교나 유사종교가 옥석이 뒤섞인 상태로 존재하고, 정보가 넘쳐나다 못해 범람하고 있습니다. 그런 상황에서 사람들은 자신의 인생의 지침으로 해야 할 가르침을 어디에서 구할 것인가를 자기 책임으로 판단하지 않으면 안 됩니다.

그러므로 객관적인 입장의 정보도 필요하지만, 최종적으로는 각각의 종교·종파의 당사자로부터 직접 가르침을 들어보지 않으면 자신이 자신에게 책임을 질 수 없다고 생각합니다.

그렇다면 「체험입학」과 같은 기간 중에는, 선생을 스승으로 보지 않아도 된다는 것이 달라이 라마 존자님의 가르침입니다. 그동안에 가능한

한 견문을 넓혀서 어떤 가르침의 체계가 자신에게 진정으로 적당한지를 진지하게 살펴볼 필요가 있습니다. 그리고 마침내 '티베트 불교를 본격적으로 배우고 수행하자'라고 결심이 되었다면, 선생을 스승으로 보도록 해야 합니다.

공부나 수행을 진행시켜 나가는 과정에서는 대개의 경우 복수의 스승으로부터 가르침을 받게 됩니다. 그 경우 「구루요가」에서 자신의 스승을 명상할 때, 누구를 떠올릴 것인가가 문제가 됩니다. 일반적으로는 자신과 가장 인연이 깊은 스승, 가장 중요한 관정을 받은 스승을 중심으로 합니다. 그때 '다른 스승들도 모두 같이 지금강불의 화신이다'라고 생각하면, 모든 스승에 대한 신심이 한층 더 견고하게 됩니다.

실제로는 각각의 스승이 다른 심상속의 지금강불일지도 모르지만, 제자 쪽의 신앙으로 그렇게 생각하는 것은 아무 문제가 없습니다.

저 자신은 「3대본존」의 관정을 다섯 분의 스승으로부터 받았는데, '나 자신은 악업과 번뇌가 깊고 한 가닥의 노끈으로는 구하기 어려운 어리석은 제자이기 때문에 지금강인 스승은 능숙한 방편으로 다섯 분의 모습을 나투시어 때로는 아름다운 스승으로서 격려해 주시고, 때로는 엄격한 스승으로서 훈계해 주시고 있는 것이다'라고 생각하고 있습니다.

그런데 이 책에서, 결과에서 역방향으로 살펴 온 가르침의 흐름을, 우리들은 출발 지점에서 결과로 향하여 실제로 걸어가지 않으면 안 됩니다. 즉 「사사작법→ 유가 구족→ 무상→ 귀의→ 인과→ 출리→ 자비→ 보리심→ 지(샤마타)→ 공성의 이해→ 관정→ 육좌구루요가→ 생기차제→ 원만차제→ 부처님」이라는 흐름을 순서대로 찾아가는 것입니다.

지금까지 전 장에서 주의 깊게 읽어 온 독자라면 이런 식으로 항목을 열거한 것만으로 각각의 내용을 "아, 그렇구나"하는 생각이 떠오를 것입니다. 그렇게 되는 것만으로도 대단히 훌륭한 것이라 봅니다. 이 흐름은 쫑카빠 대사가 티베트 불교의 교리·수행 체계를 집대성한 《람림》의 줄기이기 때문입니다.

《람림》에 대해서는 2장에서 소개했습니다. 쫑카빠 대사의 《보리도차제광론(람림첸모)》은 불교 전체를 포괄하는 구조로 되어 있는데, 특히 밀교에 관해서는 별도로 《진언도차제 광론(악림첸모)》 중에 설하고 있습니다. 지금 여기에서 《람림》이라 하는 것은 현교와 밀교 양쪽을 포함한 넓은 의미입니다.

17장의 마지막에 언급한 「쫑카빠 대사의 가르침에 의해 부처님의 깨달음에 이른다」라고 한 흐름도, 실은 그런 《람림》의 줄기에 다름 아닙니다. 앞 장의 말미에 문제 제기한 「유가 구족」의 궁극적인 의미는 이 흐름에 따라서 걸음을 시작하면 조건이 모두 갖추졌을 때 「생기차제→ 원만차제→ 부처님」이라고 단번에 뽑아낼 수 있는 그만큼의 능력을 우리들이 가지고 있다는 것입니다.

실제로 이 일생에서 어느 단계까지 다다를지는 여러 가지 인과에 의해서 바뀔 수 있으므로, 처음부터 절대적인 결과를 바라는 것은 지나친 기대라 할 수 있습니다. 아무리 지구의 인간에게 최상승요가 탄트라를 수행할 능력이 있다고 하더라도, 현실문제로서 「원만차제」를 본격적으로 수행할 수 있는 사람은 극소수에 불과합니다.

그러면 그 이외의 수행자는 「궁극적인 의미의 유가 구족」을 헛되게 해 버리는가 하면, 결코 그렇지는 않습니다. 왜냐하면 최상승요가 탄트라나 원만차제라 하더라도 그것이 단독으로 성립해 있는 것이 아니라, 앞에 언급한 《람림》의 흐름 가운데 한 과정으로 자리하기 때문입니다.

그러므로 《람림》의 흐름에 들어가 걸음을 시작한다면 현재의 일생 동안에 부처님의 경지를 실현할 수는 없더라도, 또는 원만차제의 단계까지 이르지 못하더라도, 「궁극적인 의미의 유가 구족」을 헛되게 해 버리는 것은 아닙니다. 수행하는 도중에 죽음을 맞이할 때 대처하는 높은 수준에 관해서는 5장 끝에서, 가까운 수준에 관해서는 17장 끝에서 언급하고 있습니다.

그러므로 결론적으로 가장 중요한 것은, 《람림》의 흐름에 들어가 수행을 시작하면서 「가는 데까지 간다」는 자세입니다. 지금은 느린 걸음이라도, 인생은 그야말로 살아 있는 동안에도 무상하기 때문에, 도중에 여러 가지 조건이 갖춰지면, 걸음이 급속히 빨라질 가능성도 있습니다.

그러므로 '나는 죽을 때까지 이정도 밖에 할 수 없겠지'라고 처음부터 소극적인 목표 설정을 하는 것도 좋지 않습니다. 어쨌든 「가는 데까지 간다」라는 기분을 잊지 않도록 해야겠지요.

그리고 자신의 의식을 《람림》의 흐름에 태워서 방향을 똑바로 정합니다. 금생과 중유와 내생의 결과까지도 《람림》의 흐름에 태워서 나아간다는 그런 마음가짐이 중요합니다. 단지 현실의 문제로서는 다음의 두 가지 점을 주의해 두는 것이 좋으리라 생각합니다.

첫째는, 아무리 걸음이 느리더라도 금생 안에 「인과」까지는 도달하는 것입니다. 이것은 삼악취에의 길을 끊기 위해서입니다. 상세한 것은 15장을 참조해 주십시오.

둘째는, 만약 「출리」까지 다다르면 걸음을 재촉해서 「보리심」까지 도달하는 것입니다. 이것은 소승에의 길을 피하기 위해서입니다. 상세한 것은 14장 끝을 보아 주십시오.

《람림》의 길을 참으로 진지하게 수행한다면, 우리들이 종교의 역할로서 기대한 「액막이」나 「수호」라는 요소는 특별히 필요 없게 됩니다. 그렇게 말하는 이유는 삼보에의 귀의, 대자비와 보리심, 공성의 명상이야말로 궁극의 수호자이고, 그들보다도 강력한 액막이나 수호자는 따로 존재하지 않기 때문입니다.

더욱이 저처럼 평범한 사람에게는 형식적인 의식 등을 통해서 안심을 얻는 것도 필요할지 모릅니다. 단지 그런 경우라면 그들이 유효하게 기능하는 근거는 귀의·보리심·공성의 이해에 있다고 하는, 이 점을 잘 이해해 두어야 하겠지요.

이러한 《람림》의 흐름에 들어갈 준비 단계의 수행으로서 「6가행법」이라는 것이 있습니다. 이것은,

① 수행 도량을 깨끗하게 맑히고, 불상 등을 안치하는 것,

② 청정한 공양을 올리는 것,

③ 「비로자나 칠좌법」에 따라 자세를 바르게 하고, 귀의와 보리심을 염하는 것,

④ 「집회수」를 명상하는 것,

⑤ 「칠지공양」으로 만다라 공양을 올리는 것,

⑥ 진지하게 기원하는 것이라는 여섯 차제의 수행입니다.

「칠지분」의 내용은 ① 예배, ② 공양, ③ 참회, ④ 수희, ⑤ 권청, ⑥ 기원, ⑦ 회향입니다.

이 「6가행법」은 《수행 티베트불교입문》 2장에서 상세하게 해설하고 있으므로, 참고해 주시기 바랍니다.

또한 특히 밀교에 들어갈 준비 단계의 수행으로서 「4가행」도 잘 알려져 있습니다. 이것은,

① 귀의와 발보리심,

② 금강살타의 백자진언,

③ 만다라 공양,

④ 구루요가라는 내용입니다.

「금강살타 백자진언」은 악업을 참회하여 정화하기 위해, 「만다라 공양」은 공덕을 쌓고 늘이기 위한 수행입니다.

이 「4전행(前行; 加行)」과 같은 취지의 닝마파의 예비 수행이 일찍이 《무지개 사다리》라는 책으로 소개되어 있습니다.[12]

단지 겔룩파에서는 관정을 받기 위한 조건으로서 예를 들면, 「네 가지 예비 수행을 각각 10만 번씩…」이라는 식으로 의무를 지우는 일은 거의 없습니다. 겔룩파의 「4가행」에 대해서는 《티베트 밀교의 명상법》[13]과 《수행 티베트불교입문》에 상세하게 설명하고 있습니다.

「6가행법」과 「4가행」의 핵심을 모두 포함하고, 그 위에 《람림》의 요점을 순차적으로 명상할 수 있는 것이 「간덴·하갸마의 구루요가」입니다. 이 안에는 「3대본존」의 관정을 받으면 의무적으로 수행해야 하는 「믹제마」 기도도 들어 있고, 또한 17장 끝에 소개한 죽음의 준비로서도 도움이 됩니다.

많은 수행의 요소를 모으고, 밀교의 고도한 명상의 연습도 되며, 더

---

12) 까규파의 「4가행」(4불공가행)은 《마하무드라 예비수행》(지영사)이라는 이름으로 번역 출판되어 있다. - 역자 註
13) 《티베트 밀교의 명상법》은 불광출판사에서 번역 출판 되어 있다. - 역자 註

욱이 쫑카빠 대사와 깊은 연을 맺는다고 하는 좋은 것이 다 들어 있는 수행법입니다. 그것에 대해서는 《수행 티베트불교입문》 4장을 참조해 주십시오.

그러나 이러한 여러 가지 준비 단계의 수행이라 하더라도, 익숙하지 않은 동안에는 너무 어렵고 복잡하게 여겨질지도 모르겠습니다. 그런 분들을 위해 핵심을 응축한 아주 짧은 수행법을 소개해 보겠습니다.

불법승의 삼보에 저는 귀의하오며
모든 죄장을 마음 깊이 뉘우치고 참회합니다.
일체중생과 자신이 한 선행에 수희하옵고
부처님의 경지를 얻기 위해 보리심을 지키겠나이다.
   (꾼촉숨라 닥갑치   딕빠탐쩨 쏘쏠샥
   도외겔라 제이랑   쌍계장춥 이끼숭)

이것은 「보살계」의 짧은 게송입니다. **제1구는 귀의**를, 제4구까지는 보리심을 서약하고 있습니다. 귀의와 보리심에 대해서는 이 책 안에서도 여러 번 살펴보았습니다. 하지만 불교 전반과 대승불교의 수행에서 가장 중요한 요소이기 때문에 아무리 반복해서 배우고 수행하더라도 지나치지 않는 것입니다. 상세한 것은 16장과 12장을 복습해 주십시오.

제2구는 「**참회**(懺悔)」입니다. 이것에 의해 마음의 부정적인 요소를 정화합니다. 십불선이나 계율을 위반한 악업은 곧 바로 참회해야 합니다. 게다가 자신이 모르는 사이에 지은 악업도 태산처럼 있을지 모릅니다. 그러므로 참회는 언제나 중요한 것입니다.

그 참회에 의해 조금이라도 악업이 증대하는 것을 막을 수 있습니다. 참회에는 후회하는 마음, 다시 짓지 않겠다는 마음, 실제로 참회하기 위한 말과 행, 그것을 들어주시는 부처님에의 귀의라는 네 가지 힘이 필요합니다.

제3구는 「수희(隨喜)」입니다. 이것은 다른 이나 자신이 행한 선에 대해 기뻐하는 것입니다. 그것에 의해 마음의 플러스 요소가 증대합니다. 가령 자신에게 선업이나 자량을 쌓은 것이 없더라도 다른 이의 공덕에 질투하는 것이 아니라 수희하면, 자신도 같은 만큼의 공덕을 쌓는 것이라 합니다. 그것도 순식간에 말입니다. 이만큼 간단하고 다른 노력이 필요 없는 수행은 달리 없습니다. 그런 수희를 방해하는 질투라는 것은 얼마나 무의미하고 어리석은 마음일까요.

사원에 참배할 때, 자기 집에서 기도를 올릴 때, 그 밖의 여러 가지 기회에 위의 네 가지 점을 진지하게 억념하면서 이 짧은 게송을 세 번 외워 보십시오. 이것도 훌륭한 수행입니다. 바로 거기에서 《람림》의 흐름이 시작되는 것입니다.

이것으로 대체로 제가 이 책을 위해 생각해 온 것을 다 썼습니다. 마지막으로 전혀 개인적인 의견을 덧붙여 두겠습니다.

2장에서 언급한 것처럼, 이 책에서 소개해 온 티베트 불교는 현대인들을 위해서도 반드시 도움이 되는 가르침이라 생각합니다. 그러나 현실 사회의 추세는 종교 그 자체를 경원시하거나, 혹은 종교적 가치관을 그다지 중요시 하고 있지 않습니다.

티베트 불교에 관심을 가지고 법문을 들으러 온 사람이라도 "고마운 설법이지만, 현실 사회는 냉엄하니까 …. 자비심과 보리심만으로는 도저히 살아갈 수 없다 …"라는 감상에 젖는 일이 자주 있습니다. 물론 자비심과 보리심의 가르침을 일상생활에 살리는 데는 임기응변의 지혜가 필요합니다.

종교의 가치관이 일반 사회에 순수하게 받아들여지지 않는 이유 가운데 하나는, '그대로 수행한다고 해서 행복하게 될까?'라고 생각하는 점이고, 많은 사람들이 매우 회의적으로 되어 있기 때문이라고 생각합니다.

"우리 종교에 입문하면 행복하게 된다"라든가,

"이 본존에게 기도하면 고통이 없게 된다"라고 하는 종교적인 논리를 강요해도 거의 통용하지 않는 시대로 되어 있습니다.

그러므로 불교의 가치관을 사람들에게 널리 받아들일 수 있도록 하려면 우리들이 - 교리의 강요가 아니라 「자신의 삶」으로 진실한 행복을 실증할 필요가 있다고 생각합니다. 그러므로 티베트 불교를 배우고 수행하는 사람은 자신들이 「행복」하게 되어 그것을 보여주어야 합니다.

더욱이 「자기 애착을 만족시킨다」라는 가짜 행복이 아니라, 《람림》의 길을 걸어가면서 느낀 진짜 행복입니다. 그 행복을 자신들만 통용하는 기준이 아니라 일반 사회가 납득할 수 있는 형식으로 제시할 수 있으면, 상황은 조금이라도 호전될지도 모릅니다.

모든 현상은 연기로 성립해 있고, 특히 이러한 정신적인 분야에 관한 것은 미묘한 인과관계가 그물처럼 얽혀 있습니다. 그러므로 참으로 작은 선한 행동도 마침내 커다란 흐름으로 되어, 사람들에게 행복을 가져다줄지도 모릅니다.

우리는 그것을 믿고 《람림》의 길을 걸으면서 「행복」하게 되어야 하지 않겠습니까.

○ 옮긴이

석혜능 스님은

佛心道文 스님을 恩法師로 출가하여 비구계를 받은 뒤 '日藏'이라고 受法建幢하였고, 無縫性愚 大律師로부터 '古天'이라는 法號로 龍城震鐘·慈雲性祐 大律師로부터 전해진 戒脈을 받았다. 동국대학교에서 佛敎學을, 日本 高野山 眞言宗 根本道場에서 密敎學을 수학하였으며, 海印寺 海印叢林律院, 팔공산 巴溪寺 靈山律院, 東國大學校 佛敎文化大學院에서 律學을 연찬하고, 해인총림율원 율원장을 역임하였으며, 현재 직지사 승가대학에서 후진 양성 및 역경과 연찬에 힘쓰고 있다.

【역편】

《반야이취경 강해》,《사미학처 - 사미계》,《교계신학비구행호율의》,
《비구계의 연구Ⅰ, Ⅱ》,《원시불교의 연구》,《묘법연화경》,《자비수참과 법화참회》,
《재가불자를 위한 계율강좌》,《싱갈라를 가르치다 - 선생경》,
《티벳불교까규파 뙨람독송집》,《마하무드라발원문》,《백팔참회문》 기타 등.

티베트 불교

수행의 설계도

초판 발행일: 불기 2557(2011)년 8월 21일

지은이: 사이토 타모츠고(齋藤 保高)
옮긴이: 석혜능
본문디자인: 김지연
표지디자인: 이호진
펴낸이: 김현회
펴낸곳: 도서출판 하늘북
등록: 1999년 11월 11일(등록번호 제3000-2003-138)
주 소: 서울시 서대문구 연희로 39다길 31
전 화: 02-722-2322, 팩스: 02-730-2646
사이트: http://www.hanulbook.com
e-mail: hanulbook@hanmail.net

ⓒ 석혜능 2013

ISBN 978-89-90883-70-4 03220

※ 값은 뒷면에 있습니다.
※ 잘못된 책은 교환해 드립니다.